AS 36 ESTRATÉGIAS SECRETAS

A arte chinesa para o sucesso na guerra, nos negócios e na vida

AS 36 ESTRATÉGIAS SECRETAS

A arte chinesa para o sucesso na guerra, nos negócios e na vida

Hiroshi Moriya

Traduzido por
Alexandre Callari

Diretor-presidente Henrique José Branco Brazão Farinha	Título original: *The 36 secret strategies of martial arts: the classic chinese guide for success in war, business, and life*
Publisher Eduardo Viegas Meirelles Villela	
Editora Cláudia Elissa Rondelli Ramos	Copyright © 2008 by Hiroshi Moriya.
Tradução Alexandre Callari	Copyright da tradução inglesa e do prefácio © 2008 by William Scott Wilson.
Projeto Gráfico e Editoração S4 Editorial	A tradução desta publicação foi feita sob acordo com Kodansha International Ltd.
Capa SGuerra Design	Copyright © 2011 *by* Editora Évora Ltda.
Preparação de texto Bel Ribeiro	Todos os direitos desta edição são reservados à Editora Évora.
Revisão Thiago Fraga Sandra Scapin	Rua Sergipe, 401 – Cj. 1.310 – Consolação São Paulo – SP – CEP 01243-906 Telefone: (11) 3717 1247
Impressão Renovagraf	Site: http://www.editoraevora.com.br E-mail: contato@editoraevora.com.br

---

Dados internacionais de catalogação na publicação (CIP)

M852t   Moriya, Hiroshi, 1932- .
           [The thirty-six strategies of the martials arts. Português]
           As 36 estratégias secretas : a arte chinesa do sucesso na guerra, nos negócios e na vida / Hiroshi Moriya ; prefaciado e traduzido para o inglês por William Scott Wilson. - São Paulo : Évora, 2011.
           256 p.

           Tradução de: *The thirty-six strategies of the martials arts : The classic chinese guide for success in war, business and life.*
           Inclui bibliografia.

           ISBN 978-85-63993-11-3

           1. Ciência militar - China. 2. Estratégia militar. 3. Sucesso. 4. Sucesso nos negócios. I. Título. II. Título: As trinta e seis estratégias secretas das artes marciais.

           CDD 650.1

José Carlos dos Santos Macedo   Bibliotecário CRB7 n.3575

SUMÁRIO

APRESENTAÇÃO À EDIÇÃO BRASILEIRA	vii
PREFÁCIO À EDIÇÃO BRASILEIRA	xi
PREFÁCIO	xv
INTRODUÇÃO	xxi
CRONOLOGIA DE PERÍODOS DINÁSTICOS APROXIMADOS	xxvi
COMENTÁRIOS DE ABERTURA: ÂNCORA NA REALIDADE	xxvii

Parte I	ESTRATÉGIAS PARA A VITÓRIA NA BATALHA	1
Estratégia 1	Céu obscuro, cruze o mar	3
Estratégia 2	Cerque Wei, ajude Chao	11
Estratégia 3	Pegue uma espada emprestada para promover a sua matança	17
Estratégia 4	Aguarde em seu descanso pelos passos cansados dele	23
Estratégia 5	Use a vantagem do incêndio para pilhar os bens	31
Estratégia 6	Seja ouvido no leste e ataque pelo oeste	37

Parte II	ESTRATÉGIAS PARA ENGAJAR O INIMIGO	43
Estratégia 7	Crie a existência da não existência	45
Estratégia 8	Atravesse para Ch'en Ts'ang no escuro	49
Estratégia 9	Na margem distante, observe o fogo	55
Estratégia 10	Esconda uma espada por trás de um sorriso	61
Estratégia 11	Sacrifique o pêssego e assegure a semente	67
Estratégia 12	Leve o navio para longe quando as condições estiverem favoráveis	71

Parte III	ESTRATÉGIAS PARA ATAQUE	75
Estratégia 13	Bata na grama, surpreenda a cobra	77
Estratégia 14	Pegue o cadáver emprestado e reanime sua alma	81

Estratégia 15	Pacifique o tigre e afaste-o da montanha	87
Estratégia 16	Se você o cobiça, deixe-o em paz	93
Estratégia 17	Coloque um tijolo, retire jade	99
Estratégia 18	Para pegar um ladrão, apanhe seu líder	105

PARTE IV	ESTRATÉGIAS PARA SITUAÇÕES AMBÍGUAS	111
Estratégia 19	Tire a lenha que está embaixo da chaleira	113
Estratégia 20	Agite a água e pegue o peixe	119
Estratégia 21	A cigarra dourada tira sua casca	125
Estratégia 22	Bloqueie a porta e agarre o ladrão	131
Estratégia 23	Seja amigo dos que estão longe e ataque os que estão perto	137
Estratégia 24	Pegue uma estrada emprestada e ataque Kuo	141

PARTE V	ESTRATÉGIAS PARA BATALHAS UNIFICADAS	147
Estratégia 25	Roube as vigas e substitua os pilares	149
Estratégia 26	Aponte para a amoreira e repreenda a árvore do pagode	153
Estratégia 27	Finja estupidez, não seja insensato	159
Estratégia 28	Mande-os para o telhado e remova a escada	165
Estratégia 29	Faça as flores florescerem nas árvores	173
Estratégia 30	Despeça-se como convidado, assuma o controle como anfitrião	179

PARTE VI	ESTRATÉGIAS PARA UMA BATALHA PERDIDA	185
Estratégia 31	A estratégia da bela mulher	187
Estratégia 32	A estratégia da fortaleza vazia	193
Estratégia 33	Crie uma fissura	199
Estratégia 34	A estratégia da autolesão	205
Estratégia 35	A estratégia dos elos	211
Estratégia 36	Retirar-se é considerado o melhor	217

BIBLIOGRAFIA	225

APRESENTAÇÃO À EDIÇÃO BRASILEIRA

Em nossos 60 anos de jornada no mundo das artes marciais, defrontamo-nos com várias obras de grande relevância sobre o pensamento estratégico clássico chinês. Contudo, poucas competem com As 36 estratégias secretas (em chinês, San-Shi-Liu Chi) em sua arquitetura como um sistema de variação, a resposta de uma cultura que reconheceu ser impossível estabelecer um modelo de conflito, visto que conflitos estão em constante transformação.

Essa visão sistêmica, tipicamente chinesa, valoriza as possibilidades de variação e consiste de uma lista de elementos que representam, de maneira metafórica, as lógicas que integram uma situação – de um extremo a outro –, de cuja variação provém o potencial a ser aproveitado, de acordo com a inteligência estratégica de cada usuário. Por isso, o filósofo francês François Jullien afirmou, categoricamente, que um sistema de variação poderia substituir qualquer modelo.

O livro As 36 estratégias secretas constitui-se de uma listagem de 36 elementos, em que o "36" não representa um número limitador, mas sim um número extremo, que vai até o limite da mudança. De fato, esta listagem é constituída de seis partes compostas de seis estratégias cada (6 × 6).

Para entendermos melhor esta questão, o sinólogo francês Jean Levi argumenta que o livro As 36 estratégias secretas foi estruturado com base no clássico O livro das mutações (em chinês, I Ching), no qual a representação das manifestações das leis naturais é dada por uma composição de seis elementos – os hexagramas –, cujo ordenamento permite compreender o jogo interno de forças que opera numa realidade. Contudo, Wang Fu-chih, um dos mais influentes pensadores chineses do século XVII, adverte que os hexagramas do I Ching são constituidos por duas disposições trilógicas. No nivel da primeira trilogia, capta-se uma evolução em curso, que se desdobra numa segunda trilogia, a qual atua como contraponto da primeira – é essa interação entre as trilogias que faz o real ser explorado em todas as suas possibilidades.

Isso nos parece particularmente verdadeiro na obra em tela, visto que a contraposição das três primeiras partes (Estratégias para a vitória na batalha, Estratégias para engajar o inimigo e Estratégias para ataque) com as três subsequentes (Estratégias para situações ambíguas, Estratégias para batalhas unificadas e Estratégias para uma batalha perdida) gera um jogo interno de lógicas que permite a exploração de um extremo a outro no que tange à constante renovação de interpretações relativamente às estratégias listadas, bem como ao desenvolvimento de novas estratégias, frutos da combinação das enunciadas.

Parece-nos que a insistência dessa fórmula para a estrutura interna de cada parte, que por sua vez é constituída de seis estratégias, indica a importância dada à dinâmica de oposição complementar entre o externo, cujo significado dos textos é fruto de análise intelectual do usuário, e o interno, cuja interpretação depende da inteligência estratégica do usuário para compreender as metáforas apresentadas. E isso deixa bem claro que estas 36 estratégias só representarão a completude proposta se o leitor enxergar as possibilidades além da dimensão que a obra aparenta alcançar. Este processo de evolução é conhecido como *Shou-Po-Li*, expressão chinesa em que *Shou* representa a aceitação do conteúdo literal da obra; *Po*, o questionamento do conteúdo proposto; e *Li*, o entendimento pessoal a partir da reflexão dinâmica deste questionamento.

A importância ímpar de *As 36 estratégias secretas* reside no fato de Hiroshi Moriya conduzir com mestria o leitor ao legado do San-Shi-Liu Chi, e de a tradução primorosa e os comentários inteligentes deixarem o material devidamente pronto para a exploração interna do usuário.

Basta, agora, o leitor entregar-se à sua experiência de vida e encontrar, no aspecto interno desta obra, as oportunidades para explorá-la em seus negócios, em seu cotidiano e, especialmente, na diversidade e na complexidade de suas relações humanas.

Leo Imamura
Consultor principal da Martial Intelligence Incorporated
Especialista em Inteligência Estratégica Chinesa,
sob tutela do Grão-Mestre Moy Yat
Mestre Senior (7º grau) de Ving Tsun pela
International Moy Yat Ving Tsun Federation

Vanise Almeida Imamura
Pesquisadora senior da Martial Intelligence Incorporated
Docente do MBA em Gestão de Pessoas (Diversidade Cultural)
da Universidade de Sorocaba
Mestre em Ciências Sociais aplicadas à Hospitalidade
pela Universidade Anhembi Morumbi

PREFÁCIO À EDIÇÃO BRASILEIRA

Mais importante que ter o valor dos seus talentos é ter o talento dos seus VALORES.

Robert Wong

Lembro-me de que, quando bem jovem, meu saudoso pai contava parábolas e histórias chinesas com o intuito de deixar valiosas lições de vida para mim e meus irmãos. Uma, em particular, quero compartilhar com você:

> Havia um senhor que tinha treze filhos; do mais velho ao mais novo, parecia uma escada. Sabendo que não teria muito mais tempo de vida junto aos filhos, o velho pai quis ensinar-lhes uma valiosa lição. Para isto, num agradável dia do outono, pediu-lhes que fossem ao bosque próximo de casa e que cada um recolhesse dois galhos do mesmo tamanho. O caçula trouxe dois galhinhos bem finos, o antecaçula veio com dois galhos um pouco mais grossos, e assim por diante, com o primogênito trazendo dois troncos debaixo do braço.
>
> Vendo isso, o senhor disse orgulhosamente:
> – Parabéns! Fico feliz em ver que criei treze filhos fieis e obedientes. Agora, quero que cada um de vocês me entregue um galho e guarde o outro para si.
>
> E assim foi. Cada filho aproximou-se do pai, reverenciou-o e entregou-lhe um de seus galhos. E o velho pai pegou-os, juntou-os, e amarrou-os firmemente com uma tira de couro.
>
> – Muito bem – disse o pai. – Quero ver se cada um de vocês tem força suficiente para quebrar o galho que guardou para si.
>
> Ávidos para impressionar o pai, cada filho pegou seu respectivo galho e quebrou-o, até com certa facilidade, até mesmo o mais velho, que pegou seu grosso tronco e, com um preciso e rápido golpe de *kung fu*, partiu-o ao meio. O pai, vendo isso, exclamou:
> – Que alegria! Vejo que criei treze homens fortes e sadios, capazes de enfrentar os desafios da vida!
>
> Em seguida, ele emendou:
> – Agora, quero ver qual de vocês tem força para quebrar o conjunto de galhos que amarrei nesse fardo!
>
> O menor aproximou-se do maço de galhos e tentou dar um golpe de caratê, mas quase quebrou a própria mão. O segundo tentou com o pé, mas nada aconteceu. E assim, sucessivamente, cada jovem tentou quebrar o fardo, porém, sem resultados aparentes. Após várias tentativas infrutíferas, o velho ordenou:
> – Venham todos juntos e tentem quebrar esse grupo de galhos.
>
> Os irmãos agruparam-se e tentaram realizar a tarefa de várias maneiras, mas sem sucesso...

Vendo a frustração, a exaustão e a irritação dos filhos, o pai pediu-lhes, então, que parassem e sentassem à sua volta.

Do alto de sua vasta experiência e profunda sabedoria, o velho pai proclamou:

– Meus filhos, eu já estou bem idoso e não terei muito mais tempo de convivência com vocês nesta passagem terrena. Antes de partir, porém, quero deixar-lhes uma valiosa lição: se vocês tentarem enfrentar o mundo sozinhos, serão facilmente quebrados como um galho solitário, mas se o fizerem juntos, nada os derrotará.

Pela riqueza lúdica desta parábola, nota-se que sua importante lição, ou seja, "a união faz a força", ficou profundamente gravada em meu âmago e me acompanha até hoje.

Pois bem, *As 36 estratégias secretas*, de autoria do profº Hiroshi Moriya, que você tem em suas mãos, traz muitas histórias, parábolas e contos que visam transmitir estratégias válidas, não necessariamente para uma guerra militar, mas sim para as batalhas que temos que enfrentar em nosso cotidiano. A palavra "estratégia" vem do grego *"strategos"*, e significa "plano ou manobra militar para confundir ou enganar os inimigos e, assim, chegar a uma condição de vantagem". Meu pai, militar na China com patente de general, nos ensinava estratégias e valores, tais como paciência, determinação, preparação, astúcia, equilíbrio, humildade, inteligência, serenidade, fortaleza, entusiasmo, autoconfiança, competência, desapego, foco no resultado, não julgamento, cautela, coragem de recuar e pró-atividade para vencermos na vida.

Um ensinamento é duradouro quando ultrapassa os limites do tempo, ou seja, quando ele é verdadeiro na época em que foi apregoado e permanece sendo nos tempos atuais. Esse é o caso específico desta obra. Evidentemente, as 36 estratégias contidas neste livro foram elaboradas séculos atrás, mas continuam válidas até hoje. Leia, caro leitor, cada capítulo com atenção e tire suas lições para utilizar os ensinamentos ali inseridos, a fim de que você possa obter o melhor proveito dessa sabedoria milenar em seu dia a dia pessoal, profissional e social. Boa leitura!

Robert Wong
Consultor, autor de O *sucesso está no equilíbrio*,
palestrante e, acima de tudo, um Ser Humano

PREFÁCIO

Diz a lenda que quando Yamamoto Kansuke[1] estava para ser contratado pelo jovem senhor Takeda Shingen,[2] um dos mais importantes vassalos de Shingen, na presença do seu senhor e dos empregados, de repente o desafiou para um duelo. Kansuke, um forte espadachim do estilo Kyoto, tinha apenas um olho, era coxo e havia perdido alguns dedos. Ele também era um *ronin* que não viera originalmente do feudo de Shingen, e sua lealdade, aos olhos do desafiante, era duvidosa.

Esse desafio foi inesperado, mas Kansuke o aceitou prontamente, insistindo, contudo, que ele fosse chamado de *batalha*, em vez de *duelo*. Kansuke também insistiu que, por conta de suas debilidades físicas, a batalha fosse travada em um pequeno bote que estava ancorado às margens de um lago próximo. Isso equilibraria as chances, uma vez que ambos os homens teriam seus movimentos restringidos durante a luta. Apesar de alguma consternação entre os empregados, Shingen rapidamente concordou com aquelas condições.

Kansuke e o vassalo de Shingen foram levados por uma pequena nau até o barco ancorado, e nele entraram. Sem aviso, Kansuke repentinamente fez um buraco no fundo do barco com a ponta da espada, pulou de volta para a nau que os havia transportado, e a conduziu para longe. O vassalo, que não sabia nadar, agora estava sozinho em um barco que afundava lentamente, sem escapatória. Então, Kansuke jogou uma corda para o homem e o rebocou até a margem, salvando sua vida.

Observando o ocorrido de longe e com atenção, Shingen logo compreendeu a profundidade da estratégia de Kansuke e de pronto o contratou, dobrando a quantia que lhe oferecera anteriormente.

Nessa batalha, Kansuke havia empregado essencialmente três estratégias. Primeiro, venceu a batalha sem lutar, protegendo, assim, sua própria vida. Ao mesmo tempo, ele não feriu seu oponente, que agora provavelmente se tornaria seu aliado. Por fim, antes de empregar as duas primeiras estratégias, Kansuke havia levado em conta todas as condições da situação: as próprias deficiências físicas, a confiança simplória do vassalo em sua habilidade com a espada, os valores e as necessidades de Shingen, e o ambiente no qual a batalha aconteceria. Assim, nenhum sangue foi derramado, e o vassalo, altamente respeitado por Shingen, viveu para continuar a servi-lo. Daquele dia em diante, Kansuke serviu a Shingen como um respeitado estrategista, ajudando-o a se tornar um dos mais poderosos e temidos senhores de seu tempo.

Esses três conceitos são fundamentais para o pensamento militar chinês (e, consequentemente, o japonês), e funcionam como correntes dentro de *As 36 estratégias secretas*.

○○○

Este livro consiste de trinta e seis estratégias arranjadas sob seis temas, espelhando assim os hexagramas do *I Ching*, ou *O livro das mutações*.[3] O texto original é bastante breve. Cada estratégia recebe um título, geralmente de quatro caracteres chineses, que dá ao leitor um dispositivo mnemônico para o significado das seguintes. A estratégia em si consiste de diversas linhas clássicas chinesas, em geral contendo uma frase curta do já mencionado em *O livro das mutações*, que pode ser considerado o texto inspirador deste trabalho. A tradução dessas estratégias aparece no início de cada capítulo, seguida por explicações adicionais do professor Hiroshi Moriya: primeiro, uma capitulação moderna; depois, uma explicação mais detalhada.

Nas várias edições deste livro que surgiram ao longo do tempo, cada capítulo foi expandido por uma ou mais explicações ou ilustrações tiradas da história chinesa. O professor Moriya segue este precedente, fornecendo explicações claras e sucintas, além de exemplos não apenas da literatura e da história chinesa, como também de eventos ocorridos na Europa e situações modernas de negócios, cobrindo um espectro amplo de atividades e conflitos humanos.

As origens de *As 36 estratégias secretas* são imprecisas: a tradição cita um certo T'an Tao-chi, do século V d.C., como sendo seu autor, mas é mais provável que o texto seja uma síntese de diversas máximas militares, expressões políticas e até mesmo de ditados populares de até mil anos antes. As seções do *O livro das mutações* datam de pelo menos 1.500 anos antes da compilação do texto.

As 36 estratégias secretas consideram o mundo um terreno dinâmico e com energia, em constante fluxo e movimento, no qual as condições podem requerer uma estratégia agora e outra depois, dependendo das mudanças dos ambientes físico e psicológico. De fato, uma estratégia que tinha sido programada pode evocar mudanças em si, e outra diferente talvez seja necessária à medida que as circunstâncias evoluírem. O professor Moriya enfatiza que os indivíduos devem evitar a rigidez a todo custo, e também estar totalmente cientes da grade de atividades e seus efeitos psicológicos, tanto no inimigo quanto em si mesmos. Se a pessoa não puder lidar com esses requisitos, deve abandonar as estratégias.

Então, pode ser apropriado pensar neste livro como a forma usada por Confúcio para descrever *O livro das mutações* em sua emenda, o *Ta chuan*:

> Ah, *O livro das mutações*!
> Você deve deixá-lo ao seu alcance,
> Seu Caminho está mudando frequentemente,
> Mudando e se movendo, sem parar em lugar algum,
> Fluindo através dos seis vazios,
> Enquanto surge e afunda sem constância.
> Alternando-se mutuamente entre o forte e o fraco,
> Você não pode transformá-lo em uma lei fixa;
> Ele só marcha em direção à mudança.
> Existe, contudo, um método para as suas idas e vindas;
> Dentro e fora, você teria que conhecer a apreensão.
> Ele também esclarece a tristeza e a dor, e as causas de ambas;
> E assim você não tem professor maior,
> Você deve encará-lo como faria com seu pai ou sua mãe.
> A princípio, siga as palavras, então,
> Se puder sondar a direção delas,
> As regras consistentes estarão lá.
> Mas se você não for o homem (com uma mente profunda)
> O Caminho será em vão, e levará a lugar nenhum.

○○○

Estou em grande débito com o professor Hiroshi Moriya, por concordar com a minha tradução para o seu trabalho excepcional; com meu editor, Barry Lancet, por sugerir este projeto e me guiar através dele; com meu amigo, dr. Daniel Medvedov, por ter sido o primeiro a me apontar a inclusão no texto das linhas de *O livro das mutações*; com meu mentor, Ichikawa Takashi, por me fornecer generosamente dicionários chineses e japoneses, e outros textos necessários a este projeto; com minha esposa, Emily, por ler a tradução e torná-la muito mais agradável; e com meus antigos professores, dr. Richard N. McKinnon e professor Hiraga Noburu, por terem me iniciado nesta área com tamanha inteligência, graça e paciência. Todo e qualquer erro pertence somente a mim.

William Scott Wilson

NOTAS

1. Yamamoto Kansuke (?-1561) foi o legendário estrategista e arquiteto do castelo do senhor Takeda Shingen. O recorde histórico de Kansuke é quase que exclusivamente limitado ao *Koyogunkan*, de Obata Kanegori, e alguns historiadores supõem que ele seja um personagem fictício. Acredita-se que morreu em uma das batalhas em Kawanakajima. Posteriormente, Kansuke se tornou o assunto favorito de contadores de histórias profissionais, na arte popular e na literatura.

2. Takeda Shingen (1512-73) foi o grande senhor da província Kai (hoje Prefeitura de Yamanashi) que, com proezas estratégicas e um exército disciplinado, expandiu seus domínios e começou uma campanha para controlar a capital de Kyoto. Foi considerado por muitos o senhor da guerra com maior probabilidade de unificar o país e estabelecer um novo shogunato, mas morreu, ou devido a alguma doença, ou assassinado por uma arma de fogo disparada durante o cerco ao castelo executado por Tokugawa Ieyasu. Conta-se que, ao escutar sobre sua morte, Uesugi Kenshin, seu oponente constante no campo de batalha, lamentou por ter perdido o melhor de seus inimigos.

3. O *I Ching* é considerado o livro mais antigo do mundo, compilado em torno de 3 mil anos atrás. Foi usado muitas vezes como oráculo ou como um guia prático para viver no mundo, estudado igualmente por taoístas e confucionistas. Cada capítulo do *I Ching* é baseado em um dos sessenta e quatro hexagramas, e contém um Julgamento, uma imagem, e comentários sobre todas as seis linhas do hexagrama do capítulo. Confúcio e seus discípulos anexaram comentários adicionais por volta dos séculos V ou VI a.C.

INTRODUÇÃO

Livros chineses sobre artes marciais, que, considera-se, tiveram início com *A arte da guerra*, de Sun Tzu, dizem que "vencer sem lutar" é o método de vitória mais desejado que existe. Em "Atacando por meio de um estratagema", um capítulo desse livro, há, por exemplo, uma passagem bastante conhecida que captura essa ideia com perfeição:

> "Vencer uma centena de batalhas não é o que há de melhor. O que há de melhor é fazer com que os soldados inimigos se entreguem sem lutar."

Por que vencer sem lutar é algo tão desejável? Primeiro, porque, se você lutar, as próprias forças das tropas serão incapazes de evitar danos. Segundo, porque existe sempre a possibilidade de que o inimigo de hoje se torne o aliado de amanhã.

Então, como você vence sem lutar? Dois métodos podem ser considerados:

- Delimitar as intenções de seu oponente por meio de negociações diplomáticas.
- Diminuir a força de seu oponente por meio de estratégias, e levá-lo a um colapso interno.

Isso é essencialmente vencer por estratégia, em vez de pela força, ou, como se pode dizer, usar a cabeça em vez dos músculos. O povo chinês se beneficiou desse método de vitória por 3 mil anos, armazenando um extenso conhecimento sobre o assunto. *As 36 estratégias secretas* é, de certo modo, uma compilação desses métodos e ensinamentos.

Não está claro por quem ou quando este livro foi escrito. A primeira fonte parece ser o *Nan Ch'i Shu*, um trabalho histórico escrito por volta de 1.500 anos atrás, no qual podemos encontrar: "Das 36 estratégias de lorde T'an, fugir é considerada a mais alta".

Essa frase é tida como um julgamento sobre um incidente que ocorreu quando o general T'an Tao-chi encarou os exércitos de Wei, um poderoso país do norte. Ele evitou entrar em uma batalha decisiva e, em vez disso, honestamente fugiu em todas as direções que pôde. Dentro desse julgamento, contudo, havia uma voz que louvava a forma de lutar de T'an Tao-chi, à medida que ele retornava com todas as tropas inteiramente intactas.

Seja como for, *As 36 estratégias secretas* foram reunidas por alguém, em uma época posterior, que tomou essas palavras ditas sobre T'an Tao-chi como uma pista. A seguir estão as características distintivas sobre este conteúdo:

1. Existe uma lei natural para a batalha. Todas as estratégias são baseadas nesta lei natural, e devem ser investigadas completa e racionalmente.

2. O *know-how* da batalha foi compilado com base nas descrições históricas do passado. Você deve aplicar estas lições de acordo com seus estudos sobre estas descrições.

3. As trinta e seis estratégias compiladas aqui são temas essenciais de pesquisa dos líderes do passado. Seria imperdoável fazer pouco caso delas.

4. Antes de colocá-las em prática, é necessário diagnosticar claramente as suas condições e as de seu oponente. Se você aplicar estas estratégias às cegas, ignorando essas condições, será incapaz de evitar o fracasso.

5. Quando de fato aplicar as estratégias, faça o melhor que puder para encorajar o descuido de seu oponente e desencorajá-lo a querer entrar em ação. Pense em termos de atacar a mente dele, usurpar sua energia e erodir seu espírito.

6. Aja com naturalidade até o fim; tenha em mente aplicações que sejam razoáveis. Você deve evitar assumir riscos.

7. Quando estiver certo de que não existem possibilidades de vitória, você deve se retirar, sem hesitação. Ser tragado para um atoleiro e sofrer uma perda total no final é a forma mais inapta para se lutar.

Suponho que esteja claro que esta é uma forma flexível e modesta de pensar. Portanto, ela pode ser aplicada não somente a estratégias de guerra, mas também como uma bússola para batalhas estratégicas em economia, e até mesmo como um sábio farol para nos conduzir ao longo das passagens da vida. De fato, talvez este seja o maior apelo de *As 36 estratégias secretas*.

Durante a criação deste livro, consultei duas obras: *Sanshihlu Chi Hsin P'ien*, editada por Li Ping-yen e publicada por Chan Shin Publishers, e *Sanshihlu Chi*, traduzida e comentada por Wu Ku, publicada por Chi Lin Jen Min Publishers.

Uma palavra final. Este livro não deve ser considerado meramente informação sobre os caminhos do passado. Recomendo sinceramente que seja lido como um livro cujas práticas possam avivar nosso mundo atual.

Hiroshi Moriya

Cronologia de Períodos Dinásticos Aproximados

PERÍODO DINÁSTICO	ANOS
SÁBIOS IMPERADORES LENDÁRIOS	2852-2255 a.C.
HSIA	2205-1766
SHANG	1766-1045
CHOU	1045-256
Chou Ocidental	1045-770
Chou Oriental	770-256
Primavera-Outono	722-481
Estados Combatentes	403-221
CH'IN	221-206
ANTIGO HAN	206 a.C.-8 d.C.
HAN POSTERIOR	23-220
SEIS DINASTIAS	222-589
Três Reinos	220-280
Tsin Oriental	317-419
Antigo Ch'in	351-384
SUI	589-618
T'ANG	618-907
CINCO DINASTIAS	907-959
SUNG	960-1126
SUNG DO SUL	1127-1279
YUAN (Mongol)	1279-1368
MING	1368-1644
CH'ING (Manchu)	1644-1911

Comentários de abertura

ÂNCORA NA REALIDADE

Seis vezes seis são trinta e seis.
Em números há técnicas.
Em técnicas há números.
A função reside no meio dos
princípios harmoniosos do yin e do yang.
A função não deveria ser fixa.
Se for, não atingirá a marca.

No grande hexagrama Yin do *I Ching*, seis multiplicado por seis se tornam trinta e seis. Do mesmo modo, os métodos empregados para as estratégias serão de muitos tipos e estilos. Estratégias estão contidas dentro de leis objetivas e, portanto, precisam ser exercitadas com base nesta objetividade. Se você puder compreender as contradições dentro da realidade, saberá como lidar com as estratégias de acordo com a situação imediata. Se agir enquanto ignora a realidade, certamente será incapaz de evitar a derrota.

Em *A arte da guerra* está escrito: "A (arte) marcial é baseada na ilusão". Um ditado comum diz: "As (artes) marciais não abominam a ilusão". "Ilusão", é claro, significa iludir as pessoas. Ou, colocando de outro modo, não é nada mais que confundir o julgamento do inimigo e prejudicar sua visão. Tais atos de "ilusão", em geral, são chamados de "estratégias", "esquemas" ou "tramas".

Os métodos para empregar estas 36 estratégias são inúmeros. Cada uma delas foi baseada e se manifestou conclusivamente pelas experiências de homens de tempos remotos que eram reais e que lutaram batalhas reais. Estas não são estratégias misteriosas inspiradas pelos deuses.

Ao colocá-las em prática, não se pode ignorar o mundo real. Quando você aplicá-las em uma situação que esteja ao seu alcance, seu sucesso será sua garantia.

Parte I

ESTRATÉGIAS PARA A VITÓRIA NA BATALHA

Mesmo quando seu país tiver poder superior, você não deve se tornar tão confiante de que as chances de vitória estão somente do seu lado. Um momento de negligência pode atrair uma derrota irrevogável. Mesmo durante épocas de paz, você deve pensar em suas estratégias com prudência e procurar a direção de uma vitória segura.

Estratégia 1

Céu obscuro, cruze o mar

Se sua preparação for muito ambiciosa,
sua atenção será negligente.
Se sempre estiver observando ao redor
(e se tornar complacente), você não terá
dúvidas (precisamente na hora em que
deveria estar tendo).
O yin reside dentro do yang,
não em oposição a ele.
O Grande Yang *se torna o Grande* Yin.

Quando você pensar que seu método de defesa é infalível, sua vigilância invariavelmente se tornará preguiçosa. Se estiver acostumado a olhar o que é familiar, você não será capaz de perceber qualquer ceticismo quando isso for, precisamente, o que deveria estar percebendo.

Estratégias inteligentes, que são prováveis de surpreender as pessoas, não precisam estar necessariamente escondidas em algum lugar. Elas podem estar simplesmente à vista. Com bastante frequência, estratégias secretas estão escondidas em lugares onde não se pode enxergá-las, a não ser que se esteja alerta o suficiente.

"Céu obscuro, cruze o mar" é uma estratégia por meio da qual você se mostra claramente, mas camufla suas intenções verdadeiras. Convide seu oponente a observá-lo e, quando ele se tornar complacente e pensar que você não representa mais ameaça, use esta vantagem para assumir o controle e selar sua vitória.

Para começar, envolva-se em uma atividade que pode ou não ser uma ameaça para seu oponente. Ele não negligenciará sua vigilância. Então, repita a atividade sem dar início a qualquer ação séria. Novamente, seu oponente lhe dará atenção total. Mas após ter repetido essa ação algumas vezes, seu oponente ficará cansado de esperar e parará de considerar a atividade como uma ameaça. Com cada repetição, ele simplesmente irá pensar: "De novo?". Então, quando estiver seguro da negligência de seu oponente, ataque com veemência e o elimine. Esta é a essência de "Céu obscuro, cruze o mar". É de fato bastante simples, mas é uma estratégia que confia claramente em um ponto cego da psicologia humana, e a possibilidade de sucesso é alta.

A desenvoltura de T'ai Shih-tz'u

Durante o período de *O romance dos três reinos*,[1] entre os sábios generais empregados por Sun Ts'e de Wu havia um homem que atendia pelo nome de T'ai Shih-tz'u.

Essa história aconteceu durante sua juventude. Kung Yung, o primeiro-ministro de Pei Hai, estava cercado por um grande exército de Rebeldes de Capuz Amarelo[2] em Tu Ch'ang, onde suas próprias tropas haviam sido aquarteladas e encurraladas. T'ai Shih-tz'u, tempos antes, recebera um grande favor de Kung Yung, e, imediatamente, correu para Tu Ch'ang e se encontrou com ele.

Durante a conversa, Kung Yung mencionou que gostaria de ter solicitado ajuda ao país mais próximo, P'ing Yuan, mas o cerco de sua fortaleza[3] era pesado e, como atravessar as linhas inimigas parecia ser impossível, ninguém queria se voluntariar para servir como mensageiro. T'ai Shih-tz'u imaginou que havia chegado a hora de pagar seu débito, e se voluntariou para a tarefa.

A primeira coisa que fez foi se fortalecer com uma refeição e esperar pelo amanhecer. Então, agarrando seu chicote e seu arco, saltou para as costas de seu cavalo e, acompanhado de doze homens carregando alvos, abriu os portões da fortaleza e lançou-se para fora. Os soldados rebeldes, que haviam circundado a fortaleza, foram tomados pela surpresa. Confusos, trouxeram seus cavalos e se prepararam para evitar que o homem escapasse.

Mas T'ai Shih-tz'u desceu casualmente de seu cavalo, entrou na trincheira ao lado da fortaleza, posicionou os alvos e, agindo com indiferença, começou a praticar arco e flecha. Então, quando já tinha disparado todas as suas flechas, retornou para a fortaleza.

No dia seguinte, novamente saiu para praticar. Dessa vez, enquanto alguns dos soldados rebeldes se levantaram e permaneceram vigilantes, houve alguns que, convencidos de que não havia ameaça, se deitaram e ignoraram o espetáculo. T'ai Shih-tz'u posicionou os alvos e, ao terminar de atirar as flechas, se retirou para a fortaleza.

Quando isso aconteceu pela terceira vez, os soldados rebeldes tinham ficado tão complacentes, que simplesmente pensaram: "De novo?". Nem um deles se levantou e ficou vigilante. T'ai Shih-tz'u esperou cuidadosamente por seu momento, então, simplesmente chicoteou seu cavalo e rompeu a teia que o circundava.

Pouco depois, os reforços chegavam de P'ing Yuan.

A estratégia de Ho Jo-pi

O general Ho Jo-pi da dinastia Sui também empregou uma ilusão visual para enganar seu inimigo. Era o final do período das Cortes do Sul e do Norte (duas dinastias distintas que precederam Sui), quando a dinastia Sui destruiu Ch'en. Os Sui fizeram Ch'ang-na sua capital, ocupando o território norte ao rio Yang-tsé. Por sua vez, os Ch'en implantaram sua capital em Chien-yeh, dominando, assim, as terras ao sul do rio. Portanto, se os Sui quisessem atacar os Ch'en, teriam que cruzar o Yang-tsé.

O problema do general Ho Jo-pi era como colocar seu inimigo fora do jogo, e, para isso, planejou um ardil.

Primeiro, quando as tropas de Sui, que haviam se posicionado ao longo do Yang-tsé na margem oposta a Chien-yeh, deviam retornar para casa, o general as fez se reunir na periferia da vila de Li-yang, hastear uma floresta de bandeiras, dando a aparência de uma grande concentração militar. Alarmadas, as tropas de Ch'en se mobilizaram e consolidaram suas defesas do outro lado do rio.

As tropas Sui não cruzaram o rio. Em vez disso, deram meia-volta e retornaram para casa.

Esta ação se repetiu por três vezes. Por fim, os soldados de Ch'en acabaram crendo que juntar as tropas naquele ponto do rio não era uma manobra militar ameaçadora. Pararam de encarar o evento com seriedade, e não mais fizeram qualquer preparação especial como resposta.

A tática deu maravilhosamente certo. Quando as tropas Sui realmente cruzaram o rio e atacaram, deram de encontro com uma resistência praticamente sem organização, e capturaram Ch'en com facilidade.

Debandar sete vezes

Durante o período da primavera e do outono, o rei Chuang,[4] de Ch'u, atacou Yung. Suas tropas avançadas fizeram uma incursão próxima à capital, mas, no momento oportuno, o inimigo organizou um contra-ataque que obrigou suas tropas a fugir e voltar para casa.

Alguém no acampamento Ch'u, ao analisar a situação, disse: "Yung não tem somente uma grande força militar, mas também está somando grandes números de tropas bárbaras ao seu contingente. Se os atacássemos agora, não haveria chance de vencer. Acho que deveríamos esperar pela chegada de nossas forças principais, e só então atacar".

Mas o oficial que comandava as tropas avançadas respondeu: "Isso também não é bom. Nós continuaremos a lutar exatamente da forma como temos feito, mas, de propósito, agiremos como se estivéssemos nos retirando. Sem dúvida nossos oponentes se deixarão levar por isso, e se tornarão negligentes. Isso nos dará alguma vantagem".

Dito isso, o oficial continuou seus ataques. Por sete ocasiões ele lutou, e nas sete bateu em retirada. Ao ver aquilo, o general de Yung exclamou: "Essas tropas Ch'u! Eles têm nervos para lutar conosco, mas são todos uns tolos absolutos!", e não dispensou qualquer esforço para reforçar sua segurança.

Naquele ponto, a força principal das tropas, comandada pelo rei Chuang, chegou. As forças Ch'u atacaram pela oitava vez, mas, desta vez, sem bater em retirada, e destruíram Yung com facilidade.

Se o comandante de Ch'u não tivesse escolhido atacar e se retirar tantas vezes quanto fez, Yung teria abatido as forças do rei Chuang com seu poderio máximo. Da forma como foi, as tropas de Yung não acreditavam mais na força das de Ch'u, e foram pegas com a guarda completamente baixa, garantindo assim a brilhante estratégia de vitória de Ch'u.

O ataque relâmpago de Hitler

"Céu obscuro, cruze o mar" não foi aplicada somente em um passado distante. Durante a Segunda Guerra Mundial, por exemplo, o ataque relâmpago de Hitler contra a França baseou-se nesta estratégia.

Secretamente, Hitler deixou vazar, para os Aliados, o dia do ataque. Quando se certificou de que eles estavam alarmados e haviam preparado uma força opositora, o líder nazista simplesmente mudou o dia planejado. E repetiu esta mesma estratégia ao longo das semanas seguintes. Em cada ocasião, os Aliados preparavam suas defesas, e Hitler, por sua vez, mudava o dia para o ataque. Os Aliados ficaram cansados das mudanças sem fim de Hitler, e decidiram que o líder alemão estava simplesmente empreendendo uma "guerra de nervos", e, gradualmente, permitiram que sua vigilância ficasse desleixada.

Hitler rompeu através da *Maginot Line* e surgiu em território francês no dia 14 de maio de 1940. Na ocasião, as tropas de inteligência da França e da Inglaterra identificaram corretamente os movimentos das tropas germânicas, contudo, o governo de ambos os países atribuíram o fato simplesmente a mais um estágio da guerra psicológica de Hitler, e prestaram pouca atenção ao que estava ocorrendo. Isso se mostraria um erro grave: a inação ajudou tremendamente o sucesso do ataque relâmpago de Hitler.

NOTAS

1. "*San kuo chih yen i* (O romance dos três reinos), atribuído a Lo Kuan-chung, é um romance histórico baseado nas guerras dos Três Reinos (220-265), que lutaram pela supremacia no começo do século III d.C. Seu texto consiste principalmente de agitadas ações de guerrilha, planos astutos de generais habilidosos, e de atos valentes de guerreiros manchados de sangue. Exércitos e frotas são aniquilados, de tempos em tempos, por um lado ou por outro – tudo em um estilo fácil e fascinante, o que torna o livro acessível igualmente para jovens e adultos. Se um voto fosse dado pelo povo da China como a maior novela de todas em seu país, *O romance dos três reinos* indubitavelmente seria o primeiro". De Herbert A. Giles, *História da Literatura Chinesa*.

2. Os Rebeldes de Capuz Amarelo, ou Turbantes Amarelos, eram assim chamados por causa dos panos enrolados na cabeça que seus membros usavam. Sua rebelião começou na província de Shangtung, na China Oriental, em 184 d.C. e se espalhou até Honan. Conhecida como "O Caminho para a Grande Paz" (T'ai P'ing Tao), foi liderada por padres taoístas, e continuou a causar grande devastação ao longo de três décadas.

3. O caractere chinês 城 (ch'eng) é traduzido muitas vezes como fortaleza, cidade ou castelo. Durante os períodos cobertos por este livro, poderia ter significado tanto uma cidade com muros ou uma fortaleza; é improvável *que tenha sido um castelo* da forma como nós vemos na Europa ou Japão. Em prol da consistência, traduzi a palavra como "fortaleza" em todas as ocasiões.

4. O caractere chinês 王 (wang) é geralmente traduzido como "rei", mas isto pode não fazer sentido para os leitores ocidentais. Durante o começo de sua história, a China estava dividida em um grande número de Estados independentes, cujos governantes eram chamados de *wang*. Mas, se a China for considerada como um todo, tal como a França ou a Inglaterra, o termo "rei" pode ser confuso, já que não havia nenhum lá; a China unificada era governada por um imperador. Por esse motivo, traduzi *wang* como "governador", exceto no caso de títulos, como "rei Chuang" ou "rei Ning".

Estratégia 2

Cerque Wei, ajude Chao

*Quando encarar seus inimigos,
não há nada melhor que dividi-los.
Para o yang de um inimigo,
não há nada como seu yin.*

Em vez de lançar um ataque contra um inimigo poderoso, é melhor dispensar sua força militar e a de seus aliados primeiro, e então atacar.
    Em vez de atacar o inimigo primeiro, é melhor esperar que ele faça um movimento, e então ganhar controle.

"Cerque Wei, ajude Chao" foi uma estratégia empregada durante o período das Guerras de Estado, quando Sun Pin, um estrategista do Estado de Ch'i, veio em auxílio de Chao, atacando o exército de Wei pela divisão. Desde o começo, e especialmente no caso de um inimigo com uma grande força, é desaconselhável confrontá-lo, já que a probabilidade de vitória seria tremendamente baixa. Além disso, mesmo que um pequeno exército fosse abençoado momentaneamente com a boa sorte e conseguisse vencer, o prejuízo às suas tropas seria grave.

Se o confronto direto deve ser evitado, então, que tipo de estratégia pode ser usada contra um inimigo poderoso?

"Controlar um exército é como controlar a água." Isso quer dizer que a forma de se envolver na batalha é parecida com a de controlar uma inundação. Por exemplo, é difícil se aproximar de uma correnteza que flui furiosa. Mas se você puder dispersar essa corrente e fazê-la fluir por canais diferentes, é possível enfraquecer seu poder até que ela se torne administrável.

Da mesma maneira, quando em oposição a um formidável oponente, você primeiro precisa dividir suas forças e desgastá-lo. Se ele atacar, então será muito mais fácil conseguir sua derrota.

Até o fim, é preciso que você evite confrontá-lo, e, sim, dividi-lo, e atacar. Essa é a essência de "Cerque Wei, ajude Chao".

A vitória dupla de Sun Pin

Durante o período das Guerras de Estado, Wei mobilizou seu grande exército e estabeleceu um cerco em Han Tan, a capital de Chao, então incapaz de resistir ao feroz ataque, tendo de pedir ajuda ao Estado de Ch'i. Ch'i enviou reforços, apontando o vassalo-chefe T'ien Chi como general comandante e Sun Pin como estrategista militar tático.

Assim que T'ien Chi assumiu seu posto, imediatamente levou seu exército em direção a Han Tan, planejando atacar; uma estratégia possivelmente sensata. Sun Pin fez uma objeção.

"Quando você desembaraça um novelo", ele disse, "não o puxa de forma indiscriminada. Da mesma forma, quando ajuda alguém em uma luta, se você trocar pancadas desordenadamente será incapaz de controlar a situação. Em vez disso, é melhor atacar nos pontos fracos de seu oponente para ganhar vantagem sobre a situação. A esta altura da luta, Wei jogou todas as suas melhores tropas na batalha contra Chao, e somente soldados velhos e fracos permaneceram no Estado. Agora é a hora de atacar a capital enfraquecida. Se fizermos isso, Wei será forçada a deixar seu cerco em Han Tan e levar suas tropas de volta para seu Estado natal. Essa estratégia mata dois pássaros com um só golpe: faz com que nosso oponente abandone o cerco e ao mesmo tempo enfraquece seu *front* em casa."

T'ien Chi achou a estratégia razoável e a colocou em ação. Ao saber do iminente ataque à sua capital, o exército de Wei deixou Han Tan e rapidamente rumou de volta para casa, a fim de repelir Ch'i.

O exército de Ch'i atacou o de Wei em Kuei Ling, e obteve uma grande vitória.

Como Mao Tsé-tung acossou o Exército japonês

A História pode acusar Mao Tsé-Tung de inúmeras falhas em seus últimos anos, mas quando ele liderou o Exército da Oitava Rota e lutou contra os japoneses, fez uso de algumas maravilhosas estratégias e táticas militares, terminando por dar cabo das tropas japonesas. Uma de suas estratégias favoritas era uma variante de "Cerque Wei, ajude Chao". Em um documento chamado *Questões Sobre Combate de Guerrilha no Japão Resistente,* Mao declarou o seguinte:

> Em um plano de operações militares, para obter um cerco resistente, nossa força majoritária geralmente é colocada em uma linha interior. Apesar disso, nas bases onde tivermos uma margem plena de força, devemos usar uma força secundária em uma linha exterior, e lá quebrar os meios de comunicação do inimigo e restringir seus reforços. Se o inimigo permanecer em seu quartel-general por um longo período, sem dar indicações de se mover, nossas tropas usam o inverso do método mencionado. Ou seja, nós deixamos uma divisão de tropas dentro das vizinhanças do quartel deles para cercá-los, mas com a força principal atacamos uma área que ele tenha ultrapassado. Isso o colocará em grande atividade, e as tropas que haviam ficado um longo período ao redor do quartel-general agora sairão, a fim de atacar nossa força principal. Este é o método de "Cerque Wei, ajude Chao".

O exército japonês bebeu de um cálice bastante amargo dessa tática militar móvel, e acabou perdendo a posição de domínio.

Estratégias econômicas para empresas menores que podem ser aprendidas a partir de *A Arte da Guerra*

A concentração de aliados e a dispersão de inimigos é uma tática militar enfatizada em *A arte da guerra*, de Sun Tzu. Nesse livro está escrito:

> Se concentrarmos temporariamente nossas tropas em uma, o inimigo se dispersará em dez. Neste caso, a força de dez entidades separadas confronta a força de uma. Em outras palavras, nossas tropas têm uma grande força, enquanto o inimigo não tem nenhuma. Quando força alguma encontra uma grande força, seu oponente será facilmente vencido.
>
> Portanto, se o inimigo defender o que estiver na sua frente, o que está por trás será enfraquecido; se ele defender o que está atrás de si, o que está à sua frente será enfraquecido. Se defender sua esquerda, sua direita será enfraquecida; se defender sua direita, sua esquerda será enfraquecida. Se ele se defender em todas as direções, todas elas serão enfraquecidas.

A medida da força militar nunca excede condições relativas. Se você puder dividir o inimigo e então atacar, será capaz de avançar na batalha com uma vantagem.

Essa maneira de pensar também pode ser aplicada a táticas econômicas em pequenos negócios. A empresa menor, que tem "uma força militar menor", não sobreviverá se tentar encarar companhias grandes e bater de frente com elas em seu território. Para sobreviver, ela deve concentrar sua força marcial, planejar o desenvolvimento de seu próprio produto exclusivo e atacar quando houver uma abertura ou lacuna em um negócio que tenha um tamanho maior.

Estratégia 3

Pegue uma espada emprestada para promover a sua matança

*Quando seu inimigo já for conhecido,
mas seus aliados ainda incertos,
faça com que seus aliados aniquilem seu inimigo.
Não empunhe uma espada você mesmo.
Tire sua conclusão a partir do estrago feito.*

Mesmo que o inimigo tenha colocado seus planos de batalha em andamento, é possível que você ainda precise determinar a atitude de seus próprios aliados. A esta altura, seduza seus aliados para que eles ataquem seu inimigo, mas mantenha suas próprias tropas na reserva. Isso não é nada além da aplicação prática do capítulo 41 do *I Ching*, "Diminuição": "O inferior sofre diminuição; o superior aumenta".

Existem dois lados de "Pegue uma espada emprestada para promover a sua matança". Um, pede que você refreie sua própria atividade enquanto convence uma terceira parte a destruir seu inimigo. Para usar um ditado japonês comum, você poderia "vencer no sumô usando a tanga do outro oponente". Isso lhe permite derrotar seu inimigo e, ainda, preservar sua própria força sem se alterar.

Mesmo assim, isto é só o começo. Em um nível mais alto, você não confia em uma terceira força para atacar seu inimigo; em vez disso, faz com que ela vire sua própria força contra si mesmo. Esta estratégia cria uma manobra de divisão que, inteligentemente, usa o próprio poder do inimigo para enfraquecer sua posição, o que eventualmente o leva ao colapso. Este é o ponto central de "Pegue uma espada emprestada para promover a sua matança".

Como Ts'ao Ts'ao usou a espada de Ch'uan

O romance dos três reinos foi escrito durante uma época em que Ts'ao Ts'ao, de Wei, Liu Pei, de Shu, e Sun Ch'uan, de Wu,[1] confrontavam uns aos outros pelo controle da China. Com três poderosos rivais competindo pela hegemonia, a estratégia de "Pegue uma espada emprestada para promover a sua matança" com frequência entrava em cena. O episódio a seguir é um exemplo.

Kuan Yu,[2] um dos comandantes de Liu Pei, mobilizou um enorme exército, atacou o território de Wei e preparou um cerco à fortaleza de Fan. Ts'ao Ts'ao enviou reforços, mas também foram aniquilados pelo contra-ataque de Kuan Yu. Agora, se Fan caísse diante das forças de Kuan Yu, a capital de Wei Hsu estaria em grande perigo. Temendo as forças de Kuan Yu, Ts'ao Ts'ao pareceu afobado e pronto para realocar sua capital para um território mais seguro e distante. Nesse momento, o estrategista e conselheiro Sze Ma Chung-ta abordou Ts'ao Ts'ao com estas palavras:

"Nós deveríamos trazer Sun Ch'uan para a ação aqui, já que ele também tem bons motivos para temer o crescimento das forças de Kuan Yu. Divida o território de Kuan Yu e ofereça as terras ao sul do Yang-tsé para Sun Ch'uan. Sob estas condições, solicite que ele despache tropas e ataque Kuan Yu por trás. Se ele fizer isso, o cerco à fortaleza não valerá a pena, e Kuan Yu retirará suas tropas."

Convencido da solidez desta estratégia, Ts'ao Ts'ao despachou imediatamente um mensageiro para Sun Ch'uan, propondo que ele cooperasse.

Sun Ch'uan abraçou a ideia de atacar Kuan Yu e ampliar suas terras. Mobilizou suas tropas e capturou a base natal de Kuan Yu, Chiang Lu. Kuan Yu foi compelido a terminar seu cerco à fortaleza de Fan, mas com sua base natal perdida, facilmente foi capturado e morto.

De sua parte, Ts'ao Ts'ao havia empregado com sucesso a estratégia de "Pegue uma espada emprestada para promover a sua matança". Com poucos gastos, ganhou território e aniquilou um inimigo, usando uma aliança com Sun Ch'uan para forçar Kuan Yu a destruir a si mesmo.

Tomando emprestado do inimigo

Esta história aparece no *Han Fei Tzu*:[3]

Durante o período entre a primavera e o outono, Huai Kung, o governante do Estado de Cheng queria invadir o Estado de Kuai e torná-lo seu. Ainda que Kuai fosse um Estado pequeno e incapaz de resistir a um assalto frontal por muito tempo, seu povo provavelmente defenderia o lar até as últimas consequências, o que resultaria em perda de sangue considerável para ambos os lados. Sabendo disso, Huai Kung buscou um plano para minar a resistência de seu oponente.

Primeiro, Kung fez uma lista dos guerreiros e líderes mais fortes de Kuai. Em seguida, escreveu cartas endereçadas a cada um deles, prometendo mais e mais terras e oferecendo novos postos em troca da sua colaboração. Então, uma noite, Kung construiu um altar próximo ao portão da fortaleza de Kuai, enterrou as cartas e a lista, e borrifou o sangue de galos e porcos sobre o ponto onde as havia enterrado (naquela época, quando Estados ou indivíduos faziam uma promessa, a tradição requeria que matassem porcos e galos e também que bebessem o sangue do sacrifício derramado).

Na manhã seguinte, o governador de Kuai descobriu aquela "evidência". Acreditando que havia sido traído, ordenou a execução de cada vassalo cujo nome aparecia na lista. Com os homens mais habilidosos de Kuai eliminados, Huai Kung prontamente invadiu e conquistou o Estado sem dificuldades.

O estratagema de Hitler

Tempos recentes produziram bons exemplos dessa estratégia, ainda que se possa pensar que um estratagema tão transparente não se mostrasse mais eficiente.

Antes da Segunda Guerra Mundial, havia um general soviético, chamado Marshal Tohachevski, muito capaz. Em 1938, quando Stalin deu início a uma purga, alguns rumores sugeriam que Tohachevski também poderia ser pego na varredura. Se um grande general como ele fosse pego, isso seria de grande benefício para os alemães. Portanto, Hitler aproveitou a oportunidade para enterrar o homem. Chamando o cabeça da agência de inteligência alemã, ordenou secretamente que este "produzisse" documentos de traição que incriminassem Tohachevski.

O oficial criou um pacote de documentos que incluíam mensagens privadas entre o grupo de Tohachevski e generais alemães. O pacote também incluía listas de circunstâncias sob as quais Tohachevski e seus amigos teriam vendido informações para os alemães, o total do dinheiro que haviam recebido em troca, e cópias de respostas enviadas ao general pela agência de inteligência alemã.

Em um adicional golpe brilhante, o oficial alemão fez com que a informação fosse extremamente difícil de ser obtida. No devido tempo, a União Soviética comprou o pacote de documentos falsos por uma enorme soma de três milhões de rublos e, com base em suas descobertas, prendeu oito generais, incluindo Tohachevski. Aos olhos inquisidores de Stalin, a clareza e o volume das "evidências" tornavam praticamente impossível que os generais as refutassem, e, após apenas alguns minutos de questionamento, Tohachevski e os demais foram sentenciados à morte. Dentro de doze horas, todos tinham sido executados.

A espada emprestada de Hitler mostrou-se um sucesso espetacular.

A estratégia diplomática da União Soviética

Em uma mesa-redonda de discussões, Kase Shun'ichi, um comentarista de relações internacionais, contou a seguinte história sobre a estratégia diplomática soviética:

"Às vezes leio poesia chinesa, e acho que essa estratégia de 'Pegue uma espada emprestada para promover a sua matança' é uma especialidade da

União Soviética. O exemplo mais típico disso é o pacto de não agressão entre a Alemanha e os soviéticos. Hitler foi levado a pensar que a Rússia, que ficava atrás, era segura, e então voltou sua atenção na direção da França e da Inglaterra. E invadiu a Polônia, dando início à guerra na Europa. Depois disso, Stalin concluiu um pacto de neutralidade com o Japão, encorajando-o a marchar para o sul, o que, muito provavelmente, levou os japoneses a lutarem contra os Estados Unidos, começando, claro, com Pearl Harbor. Imagino que este também foi um uso inteligente dessa estratégia."

Em outras palavras, ao tirar o corpo fora da briga, os soviéticos forçaram outros a combaterem o crescimento da máquina militar de Hitler. Claro, a estratégia pode não ser uma especialidade exclusiva da diplomacia soviética. Podemos ver, com certeza, que as maquinações diplomáticas de diversos países contêm aspectos dela. É apenas uma questão de quão audaciosamente os líderes de um país decidem usá-la. Seja como for, deixe que líderes altamente otimistas ignorem a estratégia por sua própria conta e risco.

Uma última nota. Este estratagema não se limita a círculos diplomáticos e Estados em guerra. Ele também pode ser encontrado igualmente dentro de lares confortáveis, nos relacionamentos dos indivíduos entre si.

NOTAS

1. Ts'ao Ts'ao, de Wei, Liu Pei, de Shu, e Sun Ch'uan, de Wu – esses eram os três principais rivais que lutavam pela hegemonia durante os Três Reinos. Após anos de dificuldades, Liu Pei se sobrelevou e se tornou o fundador da dinastia Shu Han.

2. Um dos "três paladinos" de Liu Pei (os outros eram Chang Fei e Chu Ko-liang). Kuan Yu foi posteriormente glorificado como o deus da guerra, e sua imagem é comumente usada, até hoje, em estátuas, *netsuke*, etc.

3. *Han Fei Tzu* é um livro escrito por um autor de mesmo nome (233 a.C.), possivelmente o príncipe de uma família real. Seus escritos são referidos como "legalistas" ou "realistas", mas ele parece ter sido bastante influenciado pelo taoísmo. O livro foi comparado a *O Príncipe*, de Maquiavel.

Estratégia 4

Aguarde em seu descanso pelos passos cansados dele

*Para imprimir danos às forças inimigas,
não confie na batalha;
Diminua o forte, aumente o fraco.*[1]

Para perseguir seu inimigo com sucesso, não é absolutamente necessário intensificar seu ataque. Se consolidar sua defesa e encorajar a fadiga do inimigo, você pode transformar sua própria inferioridade em superioridade.

A estratégia "Aguarde em seu descanso pelos passos cansados dele" busca aumentar o lazer de suas tropas (e assim revigorá-las), permitindo que mantenham sua serenidade enquanto esperam pela fadiga do inimigo. No capítulo "O Oco e o Real", de *A arte da guerra*, de Sun Tzu, está escrito:

> Se você for ao campo de batalha antes do inimigo e interceptá-lo, será capaz de lutar com serenidade. Se, por outro lado, chegar ao campo de batalha após o inimigo, será forçado para dentro de uma luta difícil. Portanto, se você for habilidoso em batalha, não se deixará envolver pelas estratégias e manobras do inimigo.

No capítulo "Manobras", encontramos:

> Assuma uma posição em uma localização favorável, e espere de longe pela vinda do inimigo. Esteja bastante descansado, e aguarde a fadiga do inimigo; coma até se saciar, e espere que o inimigo passe fome.

Apesar de a palavra "espere" sugerir certa passividade, isso não significa que você deva esperar pela boa sorte e por um ato fortuito dos céus. Em vez disso, esta estratégia requer o norteamento ativo de um ímpeto para atacar seu inimigo sem negligência, para preservar e proteger sua própria força. Então, aproveite o momento no qual o inimigo aparenta estar exausto, avance com resolução certeira, e assuma a vitória.

"Aguarde em seu descanso pelos passos cansados dele" é essencialmente uma estratégia para esperar pela iniciativa na batalha, cansando seu oponente de uma maneira sutil.

Sun Pin derrota as tropas de Wei pela segunda vez

Treze anos após o estrategista Ch'i, de Sun Pin, ter derrotado as tropas de Wei com a estratégia "Cerque Wei, ajude Chao", ele mais uma vez demoliu seus exércitos, desta vez com a estratégia "Aguarde em seu descanso pelos passos cansados dele".

O ano era 34 a.C. pelo calendário ocidental, e Wei mobilizara um grande exército para atacar o Estado de Han. Ao receber um pedido urgente para ir ao auxílio de Han, Ch'i mais uma vez apontou T'ien Chi como general comandante, e novamente levou suas tropas para atacar a capital Wei, em Ta Liang.

O general de Wei, P'ang Chuan, estava determinado a não cair na mesma armadilha duas vezes. Guiando seu exército, desta vez ele assumiu uma posição para atacar as tropas de Ch'i por trás. A esta altura, o estrategista sugeriu o seguinte para T'ien Chi:

"Os soldados de Wei têm o coração imprudente, e acreditam que nossas tropas são covardes. A pessoa que luta bem é aquela que pode fazer uso do espírito de seu inimigo no sentido oposto. Nas artes marciais é dito que, quando você é seduzido pelo ganho e persegue o inimigo longe demais, você perderá seu general em uma centena de léguas, e metade de seus soldados em cinquenta. Vamos diminuir gradualmente o número de nossas fogueiras quando alojarmos os nossos soldados, de 100 mil, hoje, para 50 mil amanhã, e 30 mil no dia seguinte."

P'ang Chuan viu que as fogueiras do exército de Ch'i estavam diminuindo, e no terceiro dia da perseguição se alegrou. "Escutei que as tropas de Ch'i eram covardes, mas elas estão em nosso território há pouco mais que três dias e mais da metade já desertou. Isso é incrível!".

Então, deixando seus soldados a pé para trás, e liderando somente uma cavalaria leve, P'ang Chuan começou o que acreditava ser uma rápida e certeira derrota.

Enquanto isso, Sun Pin estimara que as tropas de Wei chegariam a Ma Ling ao anoitecer. Ma Ling ficava em uma ravina. A estrada era estreita e havia rochedos íngremes delimitando-a de ambos os lados. Portanto, era o local perfeito para uma emboscada.

A cavalaria de P'ang Chuan se aproximou de Ma Ling. De repente, os arcos das tropas de Ch'i cantaram a uma só voz. Enquanto as trevas caíam, as tropas de Wei entraram em grande desordem e foram destruídas.

No meio da batalha, dizem que P'ang Chuan cometeu suicídio. Sun Pin havia consolidado sua defesa, e também escolhido o campo de batalha. Ao convidar a abordagem de seu inimigo, ele abandonou o forte pelo fraco, e foi capaz de atacar com um único golpe toda a extensão de seu oponente, obtendo uma avassaladora vitória.

A manipulação das tropas de Lu Sun

Durante o período dos Três Reinos, Lu Sun, o general comandante de Wu, obteve uma retumbante vitória usando esta estratégia na Batalha de I-ling contra o grande exército de Liu Pei.

Ao tomar conhecimento de que Liu Pei despachara suas tropas, todos os comandantes do exército de Wu se agitaram e prepararam-se para a batalha. O supremo comandante Lu Sun chamou seus generais e disse: "Liu Pei mobilizou seu exército inteiro e fez uma incursão em nosso território. Além disso, como acampou em uma fortaleza natural, não podemos atacá-lo e vencê-lo. E mesmo que o atacássemos e fôssemos bem-sucedidos, seríamos incapazes de destruir seu exército inteiro. Se perdêssemos, estaríamos evocando uma situação da qual não poderíamos nos redimir. Por outro lado, o moral de nossas tropas não enfraquecerá se esperarmos um pouco aqui. Assim podemos avaliar a situação e talvez mudá-la, fazendo preparativos em nosso benefício. O inimigo está avançando pelas montanhas, por isso suas tropas chegarão fatigadas. Enquanto isso, podemos nos sentar aqui despreocupadamente e esperar pela exaustão das tropas dele".

O pensamento de Lu Sun se alinhou perfeitamente com a estratégia "Aguarde em seu descanso pelos passos cansados dele", mas os demais generais não conseguiram entender sua sugestão e comentaram entre si que Lu Sun estava perdendo a razão.

Mas o fato é que o exército exausto de Liu Pei não estava em condições de lutar. Em uma batalha longa, suas tropas, cansadas pela viagem, estariam em grande desvantagem. Isso era inevitável. Ciente do problema, Liu Pei reuniu milhares de tropas adicionais e as fez acampar no terreno plano, convidando assim o exército de Wu a fazer seu ataque. Os generais de Wu acharam que agora, de fato, era a chance perfeita, e se juntaram em uma única força unificada. Lu Sun, contudo, mais uma vez os segurou, dizendo: "Esperem um pouco. Eles estão, sem sombra de dúvida, preparando uma armadilha".

Desta forma, ambos os exércitos ficaram pacientemente à espera por quase meio ano. Finalmente, ficou claro que o lado de Liu Pei, incapaz de iniciar um ataque contra as tropas de Wu, que estavam em um terreno mais elevado, ficava cada vez mais cansado. Por fim, frustrado com o beco sem saída, Lu Sun reuniu seus generais e ordenou que fizessem os preparativos para o ataque.

Os generais discordaram: "Deveríamos ter atacado a vanguarda deles antes. Agora, quase meio ano se passou e, durante esse período, o inimigo capturou um grande número de posições que agora, forçosamente, ele guarda. Mesmo que atacássemos agora, não teríamos chance de vitória".

Lu Sun, entretanto, disse que não era este o caso: "Vocês não veem que Liu Pen é um velho veterano de muitas batalhas? Quando nos abordou pela primeira vez, ele tinha um plano detalhado. Então, se tivéssemos lutado na ocasião, não teríamos chance de vencer. Mas, agora, sua linha de batalha está paralisada, suas tropas chegaram ao máximo do cansaço, e estão desmoralizadas. E, o que é mais importante, ele não tem um plano para resolver este problema. De fato, nossa melhor chance para cercá-lo e aniquilá-lo é agora".

Assim dizendo, Lu Sun empreendeu um ataque e, após uma luta feroz, destruiu o grande exército de Liu Pei.

Mestre Kimura

O mestre de *shogi*, Kimura Yoshio, que levantou toda uma geração com o jogo de *shogi*, usou "Aguarde em seu descanso pelos passos cansados dele" como uma arma em seu arsenal de táticas. Em geral, períodos longos, dedicados ao pensamento, em uma competição de *shogi* indicam uma desfavorável virada de eventos. Entretanto, mestre Kimura transformou essa técnica em sua especialidade. Em vez de cair em uma elucubração profunda quando sua situação se tornava precária, ele mergulhava em intensos períodos de introspecção sempre que as circunstâncias de seus competidores ficassem desfavoráveis. Muitos deles eram incapazes de lidar com essa "longa elucubração" de Kimura. Ficavam impacientes, e seus espíritos naufragavam, o que era, claro, a intenção de mestre Kimura. Pelo que sabemos, ele podia estar pensando sobre o que ia jantar naquela noite enquanto observava a expressão de seu oponente com um olhar distante. Mas suas táticas eram bem-sucedidas. Como resultado, metade de seus oponentes desistiam e se entregavam à derrota, em vez de continuar tentando a vitória de uma posição fraca, porém não intransponível.

NOTA

1. Do 41º hexagrama, *Sun*, do *I Ching*, ou *O livro das mutações*. Em seu comentário, consta:

   Diminuição. Diminua o que está abaixo, aumente o que está acima; este é o caminho para o alto. Diminuir com sinceridade leva a uma boa fortuna fundamental sem culpa, mas deve ser sincero. Há benefício em se ter algum lugar para ir. Como isto pode ser colocado em uso? Duas pequenas varas de bambu podem ser usadas para a consagração, o que significa que elas podem ser usadas de forma apropriada ao momento. Há uma época para *diminuir o forte e aumentar o fraco*. Aumentar e diminuir, vazio e plenitude – tudo isso segue em conformidade com o momento.

Estratégia 5

Use a vantagem do incêndio para pilhar os bens

*Se o dano ao inimigo for grande,
ataque com força e se beneficie.
O forte irá espalhar o fraco.*[1]

Quando você conduzir seu inimigo a circunstâncias desesperadoras, deve atacá-lo de forma esmagadora e finalizar o embate com um único golpe. Esta é uma estratégia na qual o forte se beneficia de seu próprio poder e varre o inimigo mais fraco.

"Use a vantagem do incêndio para pilhar os bens" é fundamentalmente uma estratégia na qual você aproveita a vantagem que tem sobre a posição mais fraca de uma pessoa para forçar a sua entrada e despojá-la. Isso quer dizer aproveitar a vantagem da fraqueza de seu oponente para atacá-lo sem perdão. Se as forças de seu contendor estiverem firmemente unidas e se prepararem para uma invasão, seu ataque não será bem-sucedido com facilidade. Por outro lado, se seu oponente estiver abatido por lutas entre facções, ou se as pessoas comuns estiverem prostradas, insatisfeitas com a própria vida, ou se o inimigo estiver angustiado por pressões externas, você terá uma oportunidade sem precedentes. Em ocasiões como essas, deve-se atacar sem hesitação e aniquilar por completo seu oponente. Esta é a estratégia de "Use a vantagem do incêndio para pilhar os bens".

Mas, o que fazer em situações nas quais você se veja incapaz de descobrir uma abertura por meio da qual possa tirar vantagem de seu oponente? Duas contramedidas podem ser consideradas. A primeira é esperar pacientemente até que seu oponente exponha um lado fraco. A outra é induzi-lo a expô-lo.

Liu Pang derrota Hsiang Yu

Com a morte do Primeiro Imperador,[2] a dinastia Ch'in caiu, e dois homens notáveis, Liu Pang[3] e Hsiang Yu,[4] aproveitaram a oportunidade para lutar pela hegemonia da China. O confronto entre esses dois heróis foi chamado de Batalha de Ch'u e Han. A luta continuou ao longo de três anos. No começo, a força militar superior de Hsiang Yu dominou. Liu Pang lutou e foi derrotado, se reagrupou, lutou, perdeu novamente, e foi continuamente afugentado em cada ocasião em que se reagrupava.

Ao longo desse tempo, entretanto, Liu Pang lutou com tenacidade, gradualmente ganhando terreno. No terceiro ano de batalhas, a ascendência da estratégia de Liu Pang começou a tomar forma, e Hsiang Yu, a ficar cada vez mais desolado. Porém, após três anos de intensa batalha, as forças de Liu Pang também estavam sobrecarregadas e exaustas.

Com as coisas nesse estado, após uma oferta feita por Liu Pang, ambos os lados concordaram em um armistício. Hsiang Yu voltou para casa imediatamente, enquanto Liu Pang se preparou para reunir e retirar suas tropas.

Àquela altura, os estrategistas Chang Liang e Ch'en P'ing se adiantaram e conversaram com Liu Pang, um após o outro.

"Nós não apenas possuímos metade do império, como todos os lordes locais também se tornaram nossos aliados. A força militar de Hsiang Yu está cansada e seus suprimentos, baixos. Isso, sem dúvida, é prova de que os céus o desampararam. Se você não usar esta oportunidade para atacá-lo, não fará nada mais que alimentar um tigre e plantar as sementes do desastre".

A raiz dessa ideia foi, obviamente, "Use a vantagem do incêndio para pilhar os bens". Os estrategistas perceberam que, se Liu Pang não aniquilasse seu inimigo naquele exato momento, seria impossível saber quando teria outra chance. Aquela era a oportunidade, e Liu Pang deveria aproveitar a conveniência das fraquezas de seu oponente e atacá-lo.

Liu Pang concordou, preparou cuidadosamente uma incursão, moveu suas tropas em perseguição e, finalmente, destruiu Hsiang Yu.

O "coração humano" de Sung Huai

Em oposição à decisiva ação de Liu Pang, Huai Kung, governador de Sung, teve pena de seu inimigo e permitiu que uma oportunidade escapasse. Foi uma clara demonstração de *jin*, ou seja, um "coração humano".

No período entre a primavera e o outono, Ch'u mobilizou um grande exército com planos para atacar Sung. As tropas de Sung se prepararam para encontrar o inimigo ao longo da orla do rio Hung. Naquele dia, as tropas de Sung estavam prontas para a batalha; haviam assumido suas posições e apenas aguardavam pelo exército de Ch'u. O exército do adversário, porém, sequer havia terminado de cruzar o rio, quanto mais assumido uma posição.

Vendo aquela situação, o comandante do exército, Mu I, foi falar com Huai Kung:

"O inimigo tem uma força enorme, e nós temos poucos aliados. Eles ainda não cruzaram o rio. Vamos atacá-lo antes que esteja completamente preparado."

Mas Huai Kung respondeu: "Não, eu não seria capaz de tamanha covardia", e se recusou a escutar o conselho de Mu I.

Pouco depois, o exército de Ch'u cruzou o rio e começou a se colocar em formação para a batalha. Mu I recomendou mais uma vez um ataque, mas novamente Huai Kung recusou, dizendo: "Não, somente após eles terem preparado sua formação de batalha".

O resultado era previsível. Quando os dois exércitos estavam totalmente prontos, o de Sung foi impiedosamente afugentado. O próprio Huai Kung foi ferido na perna e, no final, suas forças colapsaram, e tiveram de fugir.

Diz-se que as pessoas, então, se referiam ironicamente à simpatia e consideração que Huai Kung teve por seu inimigo, comentando: "Huai, o coração humano de Sung".

Dê abertura ao inimigo e ele tirará vantagem dela

Existe uma passagem em O *livro da poesia*[5] que diz assim: "Irmãos podem lutar dentro das suas paredes, mas manterão guarda contra um inimigo que vier de fora". Ou seja, mesmo que um irmão possa lutar contra outro, eles se unirão em uma linha única de defesa quando forem atacados por alguém de fora.

Isto é o ideal, com certeza, mas nem sempre corresponde à realidade. Quantas vezes uma família já chegou à mais completa ruína como resultado de um irmão lutando contra outro? O mesmo é válido para nações e negócios. Disputas e antagonismos internos são coisas que enfraquecem a força organizacional e convidam ao decréscimo das boas realizações.

Mas até isso seria tolerável, caso não houvesse oponentes nas sombras, apenas esperando por uma abertura. Se houver tal oponente, ele tirará proveito da situação sem hesitar.

A invasão do Afeganistão pela União Soviética em 1979 é um grande exemplo disso. Independente do resultado do conflito, ou da sua opinião pessoal sobre o assunto, o motivo pelo qual os soviéticos invadiram primeiro foi os afegãos terem deixado uma abertura tentadora demais para ser ignorada.

Se uma abertura for dada, alguém tirará vantagem dela. Portanto, sua posição sempre deve ser protegida, sem mostrar qualquer vulnerabilidade, especialmente quando esta posição não estiver inteiramente assegurada.

NOTAS

1. Do 43º hexagrama, *Kuai*, do *I Ching*, ou *O livro das mutações*. No comentário, lê-se:

   Determinação é ter tomado sua decisão. O *forte* (*yang*) dispersará o *fraco* (*yin*). Seja vigoroso e alegre, decisivo e imperturbável. Para proclamar isto publicamente, o fraco (linha *yin*) se sobrepõe às cinco linhas fortes (linha *yang*). Há infortúnio em gritar sua sinceridade porque, quando o perigo chega, ele será claro e brilhante. Revele isso a partir de seu próprio território. Não há benefício em se envolver na batalha; respeito demasiado por armas irá levá-lo a uma paralisação. Não há benefício em ter um lugar para ir; se o forte perdurar demais, o assunto chegará a um fim.

2. Ch'in Shih Huang Ti, chamado aqui de o Primeiro Imperador, foi o homem que unificou a China ao conquistar os Estados de Han, Cha, Wei, Ch'u e Ch'i. Ele se tornou imperador em 221 a.C. e aplicou as leis e os sistemas próprios de seu Estado, Ch'in, por toda a China. Considerando os escritos dos filósofos subversivos, incluindo Confúcio e Lao Tzu, ele, ou talvez algum de seus ministros, decretou uma grande "Queima de Livros" em 213, e baniu ou executou filósofos que se rebelaram. O Primeiro Imperador era um governante extremamente severo, e apesar de ele ter achado que seu império duraria 10 mil gerações, a dinastia Ch'in sobreviveu somente até 206 a.C., apenas quatro anos após sua morte, em 210.

3. Após a queda da dinastia Ch'in, Liu Pang foi um dos que lutaram pelo trono imperial, apesar de suas origens não aristocráticas. Não gozando de uma grande força no início, ele foi paciente e circunspecto, e no momento oportuno se tornou imperador e fundou a dinastia Han. Ele é conhecido como Kao Tsu (Alto Progenitor); os chineses chamam a si próprios de o "povo de Han" até hoje.

4. Hsiang Yu era o principal pretendente ao trono após a morte do Primeiro Imperador. Dizem que ele tinha seis pés de altura, era carismático, e rápido para eliminar seus aliados caso considerasse necessário. Após uma longa série de batalhas, suas forças, outrora superiores, estavam desgastadas, e ele terminou por ser derrotado e morto por Liu Pang e seu exército, e ficou famoso seu grito no momento de sua morte, ao dizer que os céus o tinham derrotado.

5. *O Livro da Poesia* (*Shih-ching*) é um dos "Cinco Clássicos" de Confúcio. Contém 305 poemas de temas variados, compilados dos séculos X a VII a.C. Confúcio, considerando que este livro encerrava o melhor das emoções humanas e suas expressões, declarou que ele poderia ser resumido a uma frase: "Nenhum pensamento deformado".

Estratégia 6

Seja ouvido no leste e ataque pelo oeste

Perturbe o foco do inimigo.
Se ele não for capaz de pensar direito,
você terá a imagem do hexagrama Ts'ui:
a Terra abaixo, o Lago acima
(o avanço da água subindo).
Aproveite a vantagem de ele ser incapaz
de administrar isso por conta própria
e assuma o controle.[1]

Quando a linha de comando do inimigo estiver confusa por causa de um ataque, ele pode ficar distraído e ser incapaz de responder adequadamente às mudanças nas circunstâncias. Isso é parecido com a situação do rompimento iminente de uma barragem, quando a água atinge um nível ameaçador. Em uma ocasião como essa, você deve aproveitar a vantagem da confusão causada no inimigo e aniquilá-lo com um único ataque.

"Seja ouvido no leste e ataque pelo oeste" abrange os seguintes passos:

- Primeiro, desenvolva uma operação simulada, parecendo atacar de uma direção que seja diferente da sua verdadeira intenção.
- O inimigo será forçado a mudar suas tropas para fortalecer suas defesas na área do ataque, deixando outras áreas mais vulneráveis.
- Ataque imediatamente na área mais enfraquecida.

A fonte desta estratégia pode ser a enciclopédia do século IX, *T'ung Tien*, que diz: "Aumente a voz como se você atacasse do leste, mas, na verdade, ataque pelo oeste".

Esta estratégia confia em uma ilusão para confundir ou enganar o inimigo. A chave é atraí-lo para uma operação simulada, e fazer com que comprometa uma parte considerável de seu exército, de forma a enfraquecer sua força no ponto em que você realmente pretende atacar. Entretanto, se o comandante inimigo mantiver sua serenidade e julgamento, ou claramente perceber o que você preparou para ele, provavelmente ele preparará um contra-ataque. Esta estratégia deve ser empregada de forma convincente e levando em conta a astúcia de seu principal adversário. Se sua manobra falhar, você certamente sofrerá uma derrota significativa. Portanto, empregue esta tática quando tiver encontrado um nível de incompetência no comandante do inimigo e/ou alguma confusão em sua linha de comando.

Ts'ao Ts'ao contra Yuan Shao

O clímax da primeira metade de *O romance dos três reinos* é a Batalha de Kuan Tu, onde Ts'ao Ts'ao e Yuan Shao lutam pela hegemonia do norte da China. Yuan Shao, liderando um enorme exército de 100 mil homens, ataca os quartéis-generais de Ts'ao Ts'ao em Hsu, primeiro despachando suas tropas avançadas para cercar a base avançada de Ts'ao Ts'ao em Bai Ma. O fato de eles serem capazes de dominar Bai Ma tão facilmente afetou o moral das tropas. O próprio Ts'ao Ts'ao liderou a sua força principal para apressar a libertação da cidade cercada. Somente então um oficial, que atendia pelo nome de Hsun Yu, se adiantou e disse:

"Não existe maneira de o derrotarmos puramente com força militar. Precisamos encontrar meios para quebrar a força militar do inimigo. Necessitamos de um plano de duas fases. Primeiro, envie uma parte de nosso exército na direção de Yen Chin, cruze o rio Amarelo e circule até chegar por trás do inimigo. Isso fará que Yuan Shao mova uma parte de seu grande exército para o oeste, a fim de ir de encontro ao nosso ataque. Com essa abertura, lidere uma cavalaria leve para Bai Ma e rapidamente invista contra o inimigo em um ataque surpresa. Se fizer isso, poderá destruí-lo."

Ts'ao Ts'ao decidiu seguir o conselho. Assim que Yuan Shao soube que as tropas de Ts'ao Ts'ao haviam cruzado o rio em Yen Chin e estavam se preparando para um ataque, imediatamente dividiu seu exército e liderou uma das divisões para interceptar o ataque. Quando Ts'ao Ts'ao soube da divisão, rapidamente retirou seu exército inteiro e se apressou para Bai Ma, onde destruiu completamente a outra divisão do exército de Yuan Shao e eliminou a ameaça à sua base avançada.

Guerrilha e "Seja ouvido no leste e ataque pelo oeste"

As táticas de guerrilha do Exército da Oitava Rota liderado por Mao Tsé-tung aplicavam esta estratégia com frequência. Em seus famosos *Comentários sobre guerrilha prolongada*, Mao Tsé-tung determina o seguinte:

> Liderança e força superior podem falhar devido à ilusão e falta de atenção. Portanto, criar uma ilusão para enganar o inimigo e surpreendê-lo é a maneira para superar forças superiores e assumir a liderança. O que é uma ilusão? "Simular um ataque no leste, quando verdadeiramente se ataca o oeste" é uma maneira de criar ilusão. Em situações nas quais existe uma base popular excelente que protegerá vazamentos de informação, e uma pessoa tiver vários métodos pelos quais possa enganar seu inimigo, você, com frequência, pode lográ-lo e fazer com que cometa erros tanto de julgamento quanto de ação. Se assim for, você será capaz de roubar a força superior de seu inimigo e sua posição de liderança.

É do conhecimento de todos que o exército japonês caiu vítima das simulações de Mao, acabou sendo frustrado e tendo sua posição enfraquecida.

"Seja ouvido no leste e ataque pelo oeste" é uma técnica clássica, e quem quer aplicá-la precisa entender plenamente que está pronta e disponível para ambos, o inimigo e o aliado. Mas mesmo assim, se sua execução for habilidosa, os resultados serão espetaculares. Até hoje esta técnica não perdeu sua efetividade.

A estratégia de Napoleão para embarcar para o Egito

Em 1798, quando a frota francesa liderada por Napoleão queria deixar o porto de Toulon e embarcar para o Egito, ela encarou um grande obstáculo: a formidável frota britânica, liderada pelo almirante Nelson, que controlava o mar Mediterrâneo. A fim de conseguir abrir caminho, Napoleão precisava forçar seu oponente a se mover. Para tanto, ele empregou "Seja ouvido no leste e ataque pelo oeste".

Quando Napoleão já havia feito todos os preparativos para sair de Toulon, enviou informações de que o objetivo da sua campanha seria a Irlanda, na direção oposta além do estreito de Gibraltar. Achando que o plano seria perfeitamente plausível, Nelson caiu no ardil e reuniu a frota inglesa próxima a Gibraltar, para esperar pelo confronto.

O estratagema de Napoleão funcionou, e ele pôde rapidamente aproveitar a vantagem que a abertura havia criado pelo redirecionamento das frotas inglesas, e embarcou para o Egito.

Se a execução for habilidosa, até mesmo um grande almirante como Nelson pode ser envolvido por ela.

NOTA

1. Indica o 45º hexagrama, *Ts'ui*, do *I Ching*. Na imagem, afirma-se: "Terra abaixo, Lago acima. O Cavalheiro polirá suas armas, e tomará cuidado para não ser confundido".

Parte II

ESTRATÉGIAS PARA ENGAJAR O INIMIGO

Quando você se envolve em hostilidades com o inimigo, não pode demonstrar nenhuma fraqueza. Enquanto suas tropas demonstrarem a força que têm, aproveite-se da vantagem sobre as fraquezas do inimigo e planeje a extensão de sua base. Você precisa se propor a engajar seu inimigo em uma luta na qual ataque as fraquezas dele usando a sua força. Deixe-o cortar a sua pele, enquanto você corta a carne dele.

Estratégia 7

CRIE A EXISTÊNCIA DA NÃO EXISTÊNCIA

Existe a enganação.
Existe um além da enganação.
Coloque sua força na enganação.
O pequeno yin *cresce em direção*
ao grande yin *que, por sua vez,*
cresce em direção ao grande yang.

Você confunde a visão do inimigo ao dar a impressão de que algo existe, ainda que não seja verdadeiro. Entretanto, é difícil manter esse engano até o final, então você deve finalmente fazer uma nova mudança e se certificar de que algo *venha* do nada. No devido tempo, oculte a forma verdadeira dentro de uma provisória e envolva o inimigo em uma ilusão.

"Crie a existência da não existência" é uma estratégia na qual você cria uma ilusão da existência, e, portanto, confunde o julgamento do seu oponente. Estas duas condições são pré-requisitos para fazer desta estratégia um sucesso:

- O comandante do inimigo precisa ser o tipo de pessoa que cairá facilmente na estratégia que você planejou, quer por ser desconfiado, quer por ser simplório.
- Se sua ilusão confundir o julgamento do inimigo, no próximo passo você muda para a "existência", então desfere uma chuva de golpes em um único esforço.

A mudança da não existência para a existência, ou do "vazio" para a "realidade", é o segredo do sucesso.

Os bonecos de palha de Chang Hsun

Durante o período T'ang, An Lu-shan começou uma rebelião e ordenou que seu general, Ling Ku-ch'ao, cercasse a fortaleza de Yung Ch'in. Nessa época, um homem chamado Chang Hsun recebera a responsabilidade de comandar a guarnição. As forças rebeldes eram fortes, e a guarnição foi rapidamente isolada e separada de todos os seus suprimentos.

Àquela altura, Chang Hsun planejou uma tática para romper sua difícil situação. Ordenou que seus soldados fizessem mil bonecos de palha, vestissem-nos com roupa preta, os prendessem com uma corda e os baixassem pelas paredes da fortaleza à noite. Ao ver os bonecos, os rebeldes acharam que os homens estavam descendo pelas paredes. Então, correram para o *front* e lançaram uma torrente de flechas. Os homens de Chang Hsun puxaram os bonecos de palha e colheram milhares de flechas, abastecendo assim seu suprimento.

Na noite seguinte, mais uma vez Chang Hsun ordenou que os bonecos fossem baixados. Dessa vez, as forças rebeldes soltaram apenas algumas flechas antes de eles serem recolhidos.

Na terceira noite, Chang Hsun baixou seus verdadeiros soldados pelas paredes. As forças inimigas se recusaram a ser enganadas uma terceira vez, e simplesmente riram ao ver de longe a descida, sem fazer qualquer preparativo para a batalha.

Desta forma, Chang Hsun desceu com sucesso 5 mil soldados pelas paredes da fortaleza, pegou o inimigo de surpresa com suas tropas suicidas e o abateu sem misericórdia.

Como Fu causou sua própria derrota

O final do século IV foi a era da corte oriental de Tsin, cuja capital era Nan Ching. Fu Chien, do antigo Ch'in, governava todo o norte da China e, disposto a destruir toda a Tsin Oriental e unir o país inteiro, mobilizou um grande exército de 1 milhão de homens e avançou para o ataque. O exército de Tsin Oriental, que foi de encontro ao ataque, era composto por menos de 80 mil homens, menos de um décimo do tamanho do oponente.

Os dois exércitos combateram às margens do rio Fei e o resultado, ao contrário do que o general esperava, terminou em uma grande vitória para o exército menor. Por que essa incrível força superior foi derrotada e posta para correr? A chave está no terror induzido por uma ilusão perpetrada por Tsin Oriental em Fu Chien.

A força inferior do exército de Tsin Oriental tomou a iniciativa e avançou com um ataque centralizado. Desde o início, Fu Chien fez pouco caso da força militar de seu oponente. Entretanto, quando deu uma olhada mais de perto, seu oponente estava se aproximando em uma formação de batalha tão unida, tão impressionante, que parecia que nem mesmo água conseguiria passar por ela. Amedrontado, Fu Chien não parou para pensar, e caiu na percepção errada de que as tropas de Tsin Oriental se alongavam por todos os lados, pelo caminho inteiro, até os pés do monte Pa Kung. Ele se virou para seu oficial encarregado e murmurou: "Isto é incrível. O inimigo tem um exército muito maior do que pensávamos".

O choque e a perda de confiança de Fu Chien foram rapidamente comunicados àqueles sob seu comando, e resultaram em uma grande confusão. O resultado foi uma derrota que ele jamais poderia ter imaginado. No final, a ilusão tática de Tsin Oriental, fazendo mais com menos, fez que Fu Chien imaginasse algo a partir do nada, e seu mau julgamento trouxe sua própria derrocada.

Estratégia 8

Atravesse para Ch'en Ts'ang no escuro

Ao se mostrar algo,
não haverá movimento.
Tome vantagem desta quietude básica
e coloque suas fundações nela.
Aumente seus movimentos;
então, siga em frente.[1]

Esta é uma estratégia na qual você utiliza uma série de manobras. Desenvolva uma operação simulada e, se o inimigo for levado por sua atividade e aumentar suas defesas, focando a simulação, em segredo, envie suas forças e comece um ataque surpresa a partir de uma direção diferente.

"Atravesse para Ch'en Ts'ang no escuro" é uma estratégia na qual você finge atacar o ponto A, mas na verdade acerta o ponto B. Conceitualmente, ela é similar à Estratégia 6, "Seja ouvido no leste e ataque pelo oeste". Desnecessário dizer que o objetivo real é o ponto B. Você oculta esta meta, primeiro atacando o ponto A e dirigindo a atenção do inimigo para lá. Tendo feito isso, ataca então o ponto B. Como você pode atacar o ponto em que o inimigo está fraco e desatento, sua chance de vitória é extremamente alta.

O sucesso ou o fracasso desta estratégia, entretanto, depende inteiramente do sucesso ou do fracasso da tática simulada. Para fazer dela um sucesso, você precisa ter cuidado com a preparação da manobra que atrairá o inimigo. Se este cuidado não atingir o objetivo visado, a tática simulada não será bem-sucedida e sua estratégia falhará.

Han Hsin flanqueia seu oponente

Esta estratégia assumiu sua forma atual a partir do ditado "Construa a estrada plana à luz do dia, e atravesse para Ch'en Ts'ang no escuro", e é baseada em uma tática do general Han Hsin, do período Han.

Depois da destruição da dinastia Ch'en, Hsiang Yu presenteou Liu Pang com o cargo de governador de Han. Liu Pang assumiu seu posto e posicionou tropas por toda Han. Ao viajar pela terra, indo de Passes (Shensi) até Han, Liu Pang tinha que atravessar pela cadeia de montanhas de Ch'en Hsiang e passar por uma estrada que perfurava as montanhas e continuava por sobre um precipício por meio de uma ponte suspensa. Esta era a chamada Estrada Plana de Shu. A caminho da ocupação do Estado de Han, Liu Pang atravessou a estrada e depois a reduziu a cinzas.

Este ato visou indicar que ele não tinha intenção de retornar para sua pátria por ali e, assim, suavizar a vigilância de Hsing Yu, evidenciando que em seu novo e mais poderoso cargo, ele, Liu Pang, não significava ameaça. Hsing Yu reconheceu esta ação, confiou o governo da Terra em Passes para outros generais e se retirou para sua própria terra natal no leste.

Após um ano, Liu Pang decidiu desafiar a hegemonia de Hsing Yu e, confiando em Han Hsin para o posto de general comandante, mais uma vez preparou um ataque.

Nessa altura, Han Hsin enviou trabalhadores para lidar com a reconstrução da estrada. Sinalizando que tomaria uma posição ofensiva para atacar assim que atravessasse a ponte, ele chamou a atenção do inimigo à reconstrução da Estrada Plana. O inimigo respondeu, aumentando suas forças naquela área. Enquanto isso, Han Hsin avançou secretamente com seu exército por uma antiga estrada vicinal e derrotou a guarnição inimiga em Ch'en Hsiang, uma vitória decisiva que garantiu aquelas terras na palma da sua mão.

A estratégia pouco convincente de Chiang Wei

Como mencionado, o sucesso ou o fracasso desta estratégia depende da força da tática simulada. Se a tática falhar em convencer o inimigo, ou o líder deles simplesmente enxergar através dela, então tudo terá sido em vão.

Durante o período dos Três Reinos, o excêntrico general de Shu, Chiang Wei, liderou seu exército para invadir o Estado de Wei. E o governador-geral de Nan-na, Teng Ai, foi de encontro ao seu ataque.

Ele conseguiu conter o exército de Shu com sucesso, mas observou: "O inimigo não se retirou para longe, então, existe uma possibilidade de que ele ataque novamente. Nós temos que ficar aqui e fortalecer nossa guarda".

Assim dizendo, ele acampou na margem norte do rio Pai e ficou de olho nos movimentos do inimigo. No quarto dia, Chiang Wei despachou um subordinado para a margem sul do rio e fez com que ele assumisse uma posição de ataque com tropas armadas.

Teng Ai observou os procedimentos, mas não ficou convencido da honestidade da manobra. Reuniu seus generais e disse: "O exército de Chiang Wei rumou abruptamente para a margem sul. Nossas próprias forças são inferiores às dele, então é natural que ele queira cruzar o rio e atacar. E ainda assim, pelo que podemos ver, não há indícios de que ele esteja fazendo isso. Parece-me que o papel de Liao Hua é nos amarrar e distrair, enquanto o próprio Chiang Wei lidera um exército para invadir nossa fortaleza em T'ao".

Naquela noite, Teng Ai juntou suas tropas, foi diretamente para a fortaleza através de uma passagem secreta e fortificou suas defesas. Como havia suspeitado, Chiang Wei atravessou o rio T'ao e avançou para atacar, mas como Teng Ai já fortalecera suas defesas, nada foi ganho, e Chiang Wei foi forçado a se retirar.

Chiang Wei empregou a estratégia "Atravesse para Ch'en Ts'ang no escuro", mas seu oponente Teng Ai enxergou através de sua trama, e o "tiro", no final, saiu pela culatra.

A estratégia por trás da ocupação da Normandia

Muitos leitores podem se surpreender ao descobrir que "Atravesse para Ch'en Ts'ang no escuro" foi usada pelos Aliados em uma das batalhas mais famosas do final da Segunda Guerra Mundial – a ocupação da Normandia.

Ao olhar no mapa, fica claro que cruzar o canal da parte sudeste da costa da França, aportando na província de Pas de Calais – norte da Normandia –, é o mais perto em termos de distância e fornece as melhores condições, tanto para transporte de material quanto para suporte aéreo. Naquela ocasião, era a escolha mais óbvia e vantajosa para os Aliados. O exército alemão julgou esta como sendo a mais provável localização para que um contra-ataque começasse, e observou tudo atentamente. Os Aliados espalharam informações falsas por intermédio de agentes e agentes duplos de que Pas de Calais era definitivamente o objetivo deles. Enviaram inúmeras informações confirmando o plano, e voaram com diversos bombardeios por toda a área, dando a impressão de que a ocupação estava próxima. Os alemães se prepararam para o ataque construindo uma ampla posição defensiva no local.

Com a atenção do exército alemão focada em Pas de Calais, os Aliados começaram a invasão pela Normandia, e conseguiram ser bem-sucedidos devido à operação simulada e sua preparação meticulosa.

NOTA

1. Do 42º hexagrama, *Yi*, do *I Ching*, ou *O livro das mutações*. No comentário, lê-se:

    Aumentar diminui o que está em cima e aumenta o que está embaixo. As pessoas se regozijam sem limites. Do alto, vai direto para baixo; seu caminho se torna tremendamente iluminado. É benéfico ter algum lugar para ir. Acertar o alvo corretamente é motivo de júbilo. "Há benefícios em cruzar um grande rio", significa que o barco se moverá ao longo de seu curso. *Aumente os movimentos, e então siga com ele;* ele segue em frente dia após dia sem limite. O Céu administra e a Terra dá a luz; assim é o método de aumentar (das Dez Mil Coisas). Geralmente, o Modo de Aumentar procede de acordo com o momento.

Estratégia 9

NA MARGEM DISTANTE, OBSERVE O FOGO

*Quando a discórdia estiver aparente
e se mostrar arauto do caos, aguarde nas
sombras pela dissidência vinda de dentro.
Obstinação violenta e ações egoístas
forçarão por conta própria
a autodestruição.
"Com ordem,
o movimento é entusiástico.
Entusiasmo se move com ordem."*[1]

Se as contradições do inimigo se aprofundarem e suas normas internas ruírem, observe calmamente, em silêncio, e espere pela erupção de algo irregular. Da inimizade e do antagonismo, a matança uns dos outros empreendida por eles começará – a inevitável morte ao longo da estrada da autodestruição. Você, entretanto, deve assumir a posição de apenas olhar, com os braços cruzados. A boa sorte espera e adormece.

"Na margem distante, observe o fogo" é a atitude de observar e esperar. O seguinte trecho é encontrado em *A arte da guerra:*

> Governadores e generais sábios lutam para conseguir seu propósito na guerra com uma atitude de precaução. Se não tiverem condições favoráveis e uma força invencível, não iniciam estratégias nem mobilizações; e a não ser que seja absolutamente inevitável, não embarcam em nenhum tipo de atividade militar.

Mesmo que sua força militar seja superior, não é sábio preparar um ataque às cegas. E, mesmo que você obtenha uma vitória temporária, sua tropa será incapaz de evitar um considerável derramamento de sangue. E, ainda que você considere isso uma vitória, não pode dizer que é uma forma louvável de vencer – não é nada mais do que uma vitória cujo preço é muito alto.

Quando existirem evidências de discórdia interna nos escalões do seu oponente, é aconselhável observar com atenção, em silêncio, e esperar que eles se autodestruam. Aproveitar as vantagens que a situação oferece e atacar no momento em que seus oponentes estiverem começando a sofrer discórdias internas é um método, mas fazer isso pode uni-los novamente, o que não é seu desejo. Portanto, atacar assim que perceber os primeiros sinais de discórdia não pode ser chamado de um plano conveniente. Em um momento como esse, você deve assumir uma atitude de observação e aguardar. Esta é a estratégia conhecida como "Na margem distante, observe o fogo".

Uma tática conclusiva está resumida nesta frase: "A oportunidade para o pescador".[2] Esta estratégia envolve criar uma situação que encoraje seus oponentes a lutarem entre si, dissipando assim suas próprias forças, enquanto você preserva as suas e espera que eles destruam a si mesmos de dentro para fora. Colocar essa segunda tática em funcionamento é fácil quando se notam dissidências internas. Ambas as estratégias estão em conformidade com o princípio de Sun Tzu: "Vencer sem lutar".

Ataque *versus* paciência vigilante – Estratégia 5 *versus* Estratégia 9

A contenda interna ou as contradições de um oponente dão uma chance para você tirar vantagem dele. Atacá-lo sem hesitação e derrotá-lo completamente é a quinta estratégia: "Use a vantagem do incêndio para pilhar os bens". A nona, "Na margem distante, observe o fogo", também compreende as desavenças e contradições internas do oponente como pré-requisitos. Entretanto, este plano envolve esperar pelo colapso interno de seu adversário até o final. Encarando a situação sob a perspectiva de que "uma mão molhada captura bolhas facilmente",[3] esta estratégia é bem mais astuta que a quinta.

Mesmo que um oponente não tente esconder a discórdia interna que sente por você, existe a possibilidade de que uma demonstração de agressividade sem a devida habilidade possa servir apenas para unificá-lo. Observar firme e silenciosamente e esperar pelo colapso interno dele é, de longe, a melhor das duas políticas.

Decidir qual estratégia usar demanda uma consideração cautelosa: é difícil julgar se alguém deve atacar imediatamente ou apenas esperar em silêncio. Há muitos casos de líderes que esperam pacientemente nos bastidores por sinais de dissidências internas nos escalões inimigos, somente para ver suas chances de ataque evaporar diante de seus olhos. Se você decidir atacar, faça-o rápido como um relâmpago, mova-se tão rápido quanto uma faísca voando de uma brasa.

Em qualquer caso, uma visão perspicaz é essencial. Quando você observa em silêncio, deve fazê-lo com perfeição.

Ts'ao Ts'ao e "Na margem distante, observe o fogo"

Em *O romance dos três reinos*, Ts'ao Ts'ao derrotou Yuan Shao na Batalha de Kuan Tu, e obteve o controle de todo o norte da China. Os filhos de Yuan Shao, Yuan Shang e Yuan Shi, escaparam e conseguiram chegar em segurança até Wu-wan, um lugar povoado por não chineses ao norte da China, com a intenção de resistir a Ts'ao Ts'ao. Para eliminar a ameaça ao norte, seria preciso que Ts'ao Ts'ao atacasse Wu-wan.

Portanto, no ano 207 do calendário ocidental, Ts'ao Ts'ao se preparou para subjugar Wu-man e aniquilá-los com pouco esforço. Yuan Shang e Yuan Shi fugiram e se refugiaram com Sun K'ang, o duque de Liao Tung. Tempos atrás, o próprio duque havia sido bem-sucedido na defesa de Liao Tung contra Ts'ao Ts'ao. Com um inimigo em comum, os irmãos Yuan acharam que tinham conseguido um refúgio seguro. Além disso, cogitaram, em segredo, que, se tivessem chance, poderiam usurpar a posição de Sun K'ang, entrincheirar-se em Liao Tung e, a partir de sua nova base, resistir a Ts'ao Ts'ao.

Àquela altura, os oficiais da equipe de Ts'ao Ts'ao recomendaram imediatamente que ele avançasse seu exército para Liao Tung, subjugasse as tropas de Sun K'ang e, ao mesmo tempo, aniquilasse Yuan Shang e seu irmão.

Mas Ts'ao Ts'ao se recusou veemente, dizendo: "Não, não. Eu acho que Yuan Shang e Yuan Shi serão executados por Sun K'ang. Nós não precisamos nos dar ao trabalho de mobilizar o exército agora".

Dito isso, retirou-se para a capital. Com certeza, as palavras mal haviam saído de sua boca quando Sun K'ang lhe entregou as cabeças de Yuan Shang e de Yuan Shi.

Os oficiais não conseguiram entender por que nem como aquilo acontecera. Quando perguntaram sobre a aparente traição, Ts'ao Ts'ao respondeu: "O duque temia a influência de Yuan Shang e seus seguidores desde o começo. Se eu tivesse mobilizado meu exército e atacado, suponho que eles teriam combinado forças contra nós, mas, ao deixá-los em paz, era somente uma questão de tempo até que começassem a lutar entre si. Este foi apenas o curso natural dos eventos".

É em situações como essas, quando o conflito interno é provável, que "Na margem distante, observe o fogo" deve ser aplicada.

NOTAS

1. Do 16º hexagrama, *Yu*, do *I Ching*, ou *O livro das mutações*. No comentário, lê-se:

   Ao *Entusiasmo*, o forte (*yang*) responde (ao numeroso *yin*) e executa sua vontade. *Com ordem, movimento é entusiasmo. Entusiasmo se move com ordem*, e assim são o Céu e a Terra. Ainda mais, então, os subordinados serão organizados e os exércitos movidos. Com ordem, o Céu e a Terra se movem; assim, a Lua e as estrelas não cometem erros, nem as quatro estações saem de seu curso. Com ordem, o homem sagrado se move; portanto, crimes e punições são claros, e as pessoas se submetem a isso. O momento e o significado do Entusiasmo são, de fato, grandes.

2. "A oportunidade para o pescador." A frase inteira é "Pássaros e mariscos envolvidos em uma luta é uma oportunidade para o pescador".

3. *Nurete de awa* (捕れ手で泡). Este é um ditado comum que significa ser capaz de fazer alguma coisa bem e sem grande esforço.

Estratégia 10

Esconda uma espada por trás de um sorriso

Com comportamentos gentis,
Deixe seus inimigos à vontade.
Na obscuridade, trace seus planos.
Faça preparativos, então, mova-se.
Não permita que seus planos
sejam alterados.
Isto é ser forte por dentro
e suave por fora.

Demonstre uma sinceridade amigável e dissolva o senso de vigilância dos inimigos; secretamente, prepare uma estratégia para nocauteá-los. Só aja após ter preparado seus planos totalmente. Além disso, na ocasião, esconda suas reais intenções até o último instante. Esta é uma estratégia na qual você oculta um punhal enquanto, na superfície, se conduz com um sorriso.

"Esconda uma espada por trás de um sorriso" é, como a frase implica, uma tática para abordar seu oponente com um comportamento amigável, e, então, atacar com um único golpe quando ele baixar a guarda. É desnecessário dizer que permanecer alegre até o final é um pré-requisito para amolecer as defesas dele. Suas chances de sucesso aumentam de acordo com o grau de perfeição que você conseguir, realmente, realizar esta estratégia. Por outro lado, se suspeitar que está sendo vítima desta estratégia, é preciso confirmar o fato rapidamente e preparar uma contramedida. Se você for negligente com sua defesa, cairá no centro da armadilha do inimigo.

Sun Tzu disse:

Enquanto o mensageiro do inimigo humildemente oferece uma trégua, o inimigo em si está fortalecendo firmemente suas defesas e, na verdade, se preparando para um ataque... Quando palavras de paz de repente aparecem no campo oposto, certamente há algum tipo de estratégia para vir à tona.

Em tempo, quando o inimigo o aborda com palavras gentis, você deve desconfiar e assumir que ele está escondendo algum objetivo.

A lição humilhante do imperador

Na noite da unificação da China pelo Primeiro Imperador, nos últimos dias do período dos Estados de Guerra, ocorreu um incidente que ensinou ao imperador uma lição difícil e humilhante.

Ching K'o recebeu uma ordem secreta do Príncipe Tan, do Estado de Yen, e, depois de escrever o poema abaixo, reconhecendo a resolução e a preparação para sua morte, rumou para a capital de Ch'in:

O vento sopra solitário, solitário.
As águas do rio Yi correm geladas.
Depois que os bravos soldados partem,
Eles jamais retornam aos seus lares.

O príncipe Tan havia ordenado que Ching K'o, seu servo, assassinasse o imperador, uma tarefa que, fosse bem-sucedida ou não, significaria que ele jamais retornaria para ver Yen novamente. Quando Ching K'o se decidiu, levou consigo dois presentes para conquistar o Primeiro Imperador. Um era a cabeça do general Fan Yu-chih, considerado traidor, que fugira de Ch'in e se exilara em Yen. Ching K'o considerara cuidadosamente a posição de Fan, e o convenceu de que, se ele cometesse suicídio e sua cabeça pudesse ser entregue como uma oferenda, o imperador poderia ser deposto. O general concordou.

O segundo presente era um mapa de Tu-k'ang, a região mais fértil de Yen. Dar esse mapa para o imperador simbolizava as intenções do Príncipe Tan de lhe dar Tu-k'ang como um tributo.

Mas, por mais atrativos que fossem aqueles presentes, não asseguraram a Ching K'o uma audiência com o Primeiro Imperador. Em seguida, Ching K'o ofereceu como presente mais de mil peças de ouro para Meng-chia, o vassalo favorito do Primeiro Imperador, e pediu que intercedesse por ele. A sedução de mil peças de ouro logo enredou o vassalo.

Meng-chia foi até o Primeiro Imperador e disse: "O governador de Yen respeita plenamente sua mais alta autoridade e cessou com as resistências ao seu governo. Todos os seus nobres estão a seu serviço, e um deles lhe trouxe um tributo bastante generoso. Ele hesitou em vir aqui e dizer essas palavras para o senhor, mas, em sinal de grande respeito por vossa alteza, cortou a cabeça de Fan Yu-chih e a enviou com um mapa de Tu-k'ang para lhe ser presenteado por meio de um mensageiro. O que o senhor acha? Devo tomar conta disso?".

Aquilo pareceu persuadir o Primeiro Imperador, e o fez baixar a guarda.

Recebendo sua audiência, Ching K'o encontrou o imperador e puxou um punhal escondido. O imperador foi rápido e se esquivou do golpe. Ching K'o foi preso e prontamente executado. O imperador sobreviveu ao atentado contra sua vida, mas terminou por aprender uma lição humilhante sobre "Esconda uma espada por trás de um sorriso".

Um humilde vassalo ilude um líder experiente

Durante o período dos Três Reinos, Kuan Yu, de Shu, era responsável pela província de Ching e, enquanto ocupava Chiang-ling, mobilizou suas tropas e avançou em direção ao norte, cercando a fortaleza de Fan, no território Wei.

Naquela ocasião, o homem responsável pelo Estado de Wu, um sábio general chamado Lu Meng, estava em Lu-k'ou e observava cuidadosamente os movimentos de Kuan Yu. Com seu exército marchando rumo ao norte, Chiang-ling estava mais vulnerável do que antes. Mas Kuan Yu também manteve uma vigília bastante próxima de Lu Meng, e, de fato, teria sido tolice de sua parte negligenciar a proximidade do general. Deixando uma respeitável força militar em Chiang-ling, Kuan Yu se precavia contra qualquer movimento que Lu Meng pudesse empreender.

Assim, se quisesse conquistar Chiang-ling, Lu Meng primeiro teria que desarmar as suspeitas de Kuan Yu. Ele alegou uma doença e se retirou para a capital, apontando um comissário desconhecido, chamado Lu Sun, para supervisionar Lu-k'ou. Lu Sun[1] era um líder novo. Quando Kuan Yu soube que um jovem como Lu Sun havia sido indicado para substituir o experiente Lu Meng, ficou extasiado.

Contudo, apesar de Lu Sun ser jovem na idade, era possuidor de uma extraordinária sagacidade. Assim que foi para Lu-k'on, enviou uma carta para Kuan Yu imediatamente, louvando-o como sendo um homem de valor e professando com humildade sua própria inabilidade. Um esforço para assumir uma atitude humilde a fim de abrandar a vigilância de Kuan Yu.

Convencido pelo comunicado sobre a inabilidade do novo indicado, Kuan Yu deixou a guarda cair e retirou sua força inteira, até então posicionada em Chiang-ling, e a lançou em seu ataque ambicioso à fortaleza de Fan. Lu Meng percebeu o momento e secretamente levou seu exército até Chiang-ling, tomando-a sem luta.

Tendo caído na estratégia "Esconda uma espada por trás de um sorriso", Kuan Yu, humilhado, cometeu suicídio tragicamente.

O caráter ambíguo de "Esconda uma espada por trás de um sorriso"

Durante a dinastia T'ang, havia um homem chamado Li I-fu. Aparentemente, demonstrava ter uma personalidade gentil. Quando falava com as pessoas, estava sempre sorrindo. Contudo, assim que foi apontado conselheiro e começou a empunhar sua autoridade, qualquer um que discordasse dele, por menor que fosse o motivo, era executado sem perdão. As pessoas da época o temiam por isso, e se referiam a ele dizendo: "I-fu tem uma espada em seu sorriso". Esta frase queria dizer que a pessoa estava escondendo um truque por trás de seu rosto sorridente. No caso de Li I-fu, seus companheiros de alto escalão no governo é que eram os objetos de sua estratégia. No final, contudo, ele semeou inimizade em relação a eles e acabou deposto.

Apesar disso, se o objeto da "espada" que você emprega for um inimigo, a história é bastante diferente.

Durante a dinastia Sung, o governador da província de Wei, um homem que atendia por Ts'ao Wei, estava mantendo em cheque as atividades dos Tangut (um povo não chinês que vivia no oeste). Ele comandava uma presença militar rígida e era muito temido por aquelas pessoas. Certo dia, juntou todos os generais sob seu comando e lhes ofereceu uma festa regada a bebidas. De repente, chegou um relatório informando que milhares de seus soldados haviam desertado e ido para Tangut. Os generais olharam todos uns para os outros com desânimo, mas Ts'ao Wei continuou sozinho, conversando, imperturbável com as notícias. Com sangue-frio, ele disse: "Eles estão apenas seguindo minhas ordens. Acalmem-se".

Quando isso chegou aos ouvidos dos Tangut, eles tiveram certeza de que tinham caído em uma armadilha montada pelos soldados que haviam passado para o lado deles, e a fim de eliminar a arapuca, mataram todos.

Quando um homem está sob pressão, se ele for capaz de se manter totalmente imperturbável e levar adiante a estratégia "Esconda uma espada por trás de um sorriso", sua habilidade como líder não pode ser questionada.

NOTA

1. Esses diversos *Lu's* são todos escritos com caracteres chineses diferentes. Não há relação nem dos homens entre si, nem deles com a cidade.

Estratégia 11

Sacrifique o pêssego e assegure a semente

A força absoluta atrai o dano.
Ao diminuir o yin, *a pessoa*
aumenta o yang.

Dependendo de como o movimento da guerra se desenvolver, haverá situações em que você precisará se dispor a sofrer danos. Em casos assim, precisará assegurar uma vitória geral, em troca de um prejuízo limitado.

"Sacrifique o pêssego e assegure a semente" é uma estratégia na qual você sacrifica algo de valor menor (o pêssego) para obter um objeto ou uma meta de valor maior (a semente). A mesma ideia está por trás de "Deixe que ele corte sua pele enquanto você corta a sua carne; deixe que ele corte sua carne enquanto corta os seus ossos".

Isto se refere a uma batalha, então você precisa estar disposto a sofrer algum prejuízo. Em uma situação assim, é necessário que a pessoa busque limitar o montante de dano. Ao mesmo tempo, precisa compensar ao obter um benefício que exceda o dano. Nos jogos *go* e xadrez, com frequência peças são sacrificadas em razão da meta de se obter uma grande vitória.

A técnica de Sun Pin para a vitória absoluta

Sun Pin era um convidado do general T'ien Chi, que na época era viciado em jogo. O general adorava apostar com os diversos duques de Ch'i em corridas de carruagens. Sun Pin observou cuidadosamente as corridas e reparou que, no portão de partida, os três pares de carruagens eram divididos em classes superior, média e inferior; mas, dentro de uma mesma classe, os cavalos que competiam tinham força similar.

Após uma reflexão considerável, ele abordou T'ien Chi e disse: "Eu posso lhe mostrar uma forma infalível de vencer sua próxima aposta".

T'ien Chi ficou bastante animado e foi, não somente até os duques, mas até o próprio governador e os desafiou para uma grande partida, com mil peças de ouro.

No dia da corrida, Sun Pin sussurrou para T'ien Chi: "Pegue sua carruagem mais lenta e a emparelhe com a mais rápida dos outros partidos. Depois, pegue seu cavalo mais rápido e o emparelhe com o segundo mais rápido deles. E, mais uma vez, pegue seu segundo mais rápido e o emparelhe com o terceiro mais rápido deles".

Como resultado, T'ien Chi sofreu apenas uma derrota, mas obteve duas vitórias, além de uma grande soma em dinheiro. Esta foi uma aplicação inteligente e típica da estratégia "Sacrifique o pêssego e assegure a semente".

A batalha do rio Dnieper

Uma das maiores batalhas da Segunda Guerra Mundial ocorreu quando os soviéticos foram atacados pelo exército alemão, dando assim a largada para uma grande ofensiva. No meio do contra-ataque, no outono de 1943, uma batalha foi travada cruzando o rio Dnieper com o objetivo de capturar Kiev.

Àquela altura, dois batalhões da divisão 381 do exército, que era a vanguarda soviética, se separaram da força principal, cruzaram o rio Dnieper de um ponto onde haviam rompido do lado norte de Kiev, e estabeleceram uma praça de armas na praia. O exército alemão lançou um grande número de tanques e começou uma contraofensiva. Os quartéis-generais soviéticos ordenaram que fosse feita uma ferrenha defesa da praça, estratégia esta que objetivava atrair o exército alemão.

Como esperado, os alemães focaram a atenção em recapturar a praia, e lançaram mão de uma ampla força militar para desalojar os soviéticos. Na abertura que acabou sendo criada, a força principal da divisão 381 virou para o sul e conseguiu cruzar o rio com sucesso. Entretanto, os dois batalhões que receberam a ordem de defender a praia foram atacados ferozmente pelas tropas alemãs, e acabaram quase que inteiramente aniquilados.

Isto é "matar o pequeno para salvar o grande". Em batalhas da vida real, tais decisões inumanas são muitas vezes empregadas.

Nos negócios e na guerra, semeie a perda e colha o ganho

Um líder que não tenha talento pode ser facilmente distraído por uma perda limitada. Na guerra e nos negócios, a perda é algo que se quer evitar, mas quando for inevitável, a questão é: de que forma a perda pode ser ligada a um ganho futuro? Não se exaspere ao encarar a perda, mas busque discernir calmamente que tipo de benefício você pode extrair dela.

Suz Tzu disse o seguinte:

> A pessoa sábia inevitavelmente pensará nas coisas sob os aspectos de perda e ganho. Se assim o fizer, os eventos progredirão suavemente. Ao contrário, quando uma pessoa sofre uma perda, deve considerá-la sob o aspecto da possível obtenção de algum ganho dela advindo. Se assim o fizer, facilmente trará o evento a uma conclusão sem ser perturbada.

Estratégia 12

Leve o navio para longe quando as condições estiverem favoráveis

*Sempre use a vantagem
de um minuto de abertura;
sempre tire um minuto de ganho.
O pequeno* yin *se torna o pequeno* yang.

Se você descobrir uma abertura, precisa tirar vantagem dela sem qualquer demora, não importa o quanto ela seja pequena. Se há algum benefício a ser ganho, você precisa tomar posse dele sem hesitação, independente do quanto esse benefício seja pequeno. Não importa quão menor seja a inaptidão do seu inimigo, se você for capaz de tirar vantagem dela, isso trará a vitória para mais perto de você.

"Leve o navio para longe quando as condições estiverem favoráveis" significava originalmente comportar-se sem escrúpulos quando as circunstâncias colocavam algo dentro do seu alcance. Entretanto, quando isso tem a ver com batalhas e táticas de guerra, não é nada além de uma estratégia que tira vantagem da abertura do inimigo e amplifica os resultados da guerra de forma calculada. Eis as condições que permitirão esta estratégia:

- A meta original precisa se manter o alvo principal.
- A meta tangencial precisa ser um objetivo de fácil obtenção que lhe foi como que presenteado.
- Quando buscar a meta tangencial, não pode haver obstáculo criado na busca da meta principal.

Os métodos calculados dos comerciantes chineses no exterior

Muitos comerciantes chineses vão para o exterior sem ter um tostão no bolso. Seu capital não é nada além do próprio corpo. Eles normalmente começam com alguns centavos, mas com frequência conquistam grandes somas. Este fenômeno é resumido em uma frase pelos chineses: "Levantar uma casa com as mãos vazias".

Em tais circunstâncias, não há tempo para você criar a boa aparência que gostaria, e um indivíduo precisa colocar as mãos em qualquer coisa que lhe aparecer, até naquilo que as pessoas acham repugnante. Um negócio que não requer capital ou boa aparência, mas que inclui boa remuneração na barganha, não é algo facilmente encontrado. Se o lucro de um único centavo puder ser ganho, não é incomum que o seja pelos comerciantes chineses que vivem no exterior, que não se importam com as aparências.

Em um livro chamado *Os métodos dos comerciantes chineses do exterior*, conta-se a seguinte história:

Muito tempo atrás, um relojoeiro chinês com mais de 30 anos, vendia cerveja para os estudantes em seu tempo livre. A cerveja era incrivelmente barata. Quando um cliente perguntou se ele tinha uma conexão direta com o atacadista, já que a cerveja era vendida a preços tão baixos, ele respondeu: "Não, eu vendo a cerveja a preço de custo".

O mercador chinês parecia esconder alguma coisa. Tomava muito cuidado com os engradados que continham as garrafas de cerveja, e tirava seu lucro somente dos engradados, cobrando uma pequena taxa por eles quando o cliente as comprava em quantidade.

Não considere o homem um tolo. Esse é o caso do pó sendo empilhado até se tornar uma montanha. O comerciante pode muito bem ter guardado capital suficiente de seu negócio de cervejas para abrir outro que fosse mais lucrativo.

A capacidade de um líder para julgamento circunstancial

Há líderes que, tendo uma meta estabelecida, não prestam atenção em mais nada; em vez disso, apenas avançam precipitadamente em direção a ela. Se por um lado não há nada inerentemente errado com essa estratégia, por outro ela parece ser dogmática e teimosa.

Quando o movimento da guerra progride de forma vantajosa, este método inflexível cai bem. Mas se a posição for enfraquecida, então líderes tão unilaterais perdem a capacidade de liderança estratégica. Outro tipo de líder pode ser facilmente distraído pelos ganhos menores e perder de vista a meta original. Ambos os cursos são errados.

A perseguição da meta precisa ser mantida, não diluída. Ao mesmo tempo, o indivíduo precisa ter flexibilidade para reconhecer as condições nas quais pode aumentar suas realizações militares ou sua capacidade de absorver benefícios menores ao longo do caminho. Para pesar as opiniões e os benefícios corretamente, é essencial ser capaz de enxergar circunstâncias emergentes com um julgamento tranquilo.

Parte **III**

ESTRATÉGIAS PARA ATAQUE

Em situações nas quais uma batalha envolve encarar um oponente com números superiores, você deve evitar combatê-lo de frente. Não há absolutamente vantagem nenhuma em se engajar em uma guerra de atritos fúteis. Nessas ocasiões, você deve empregar ativamente alguma estratégia e mirar em alguma forma eficiente de vitória.

Estratégia 13

Bata na grama, surpreenda a cobra

Através da dúvida, sonde a verdade.

Olhe atentamente, então se mova.

"Retorno" é as trevas do yin.[1]

Se você não aprendeu os movimentos do inimigo, precisa fazer algum reconhecimento e verificação da verdade. É necessário estabelecer sua estratégia e agir somente após ter o comando das ações.

"Bata na grama, surpreenda a cobra" tem dois significados. O primeiro é uma estratégia para sondar a situação e inferir os movimentos de seu oponente. *A arte da guerra* diz: "Se você conhece o inimigo e conhece a si mesmo, pode lutar cem batalhas sem correr perigo". Esse significado também enfatiza continuamente a importância da atividade inteligente. Mas o que você é capaz de verificar por meio da atividade inteligente é, em si mesmo, limitado no que diz respeito à disposição detalhada dos mecanismos. Assim, o que se torna essencial é entender os movimentos de seu oponente e como tais movimentos se relacionam com as atividades estratégicas dele. Para tanto, você tem de sondar a situação com atividades de reconhecimento, e então observar a resposta de seu oponente.

O segundo refere-se a bater na grama a fim de entender mais plenamente as circunstâncias da cobra, mas não bater nela. A tática inclui a ideia de extrair informação. Em outras palavras, você gradualmente estabelece evidências de elementos menores em seu meio ambiente para poder compreender algo mais amplo.

Independente da abordagem, contudo, esta estratégia mira a grama ao redor para poder medir as tendências e a movimentação da cobra.

A estratégia inglesa na Guerra de Suez

Em 1956, teve início a Guerra de Suez, um conflito envolvendo Egito, Inglaterra, França e Israel. O Egito anunciou audaciosamente que estava nacionalizando o canal de Suez. A Inglaterra e a França embarcaram então em uma intervenção armada e pousaram tropas aéreas na entrada do canal.

Apesar de essa manobra ter dado a impressão de ser um ataque, na realidade não era nada além de um show de marionetes encenado com homens e armas, motivado, é claro, pela necessidade de descobrir a extensão das forças de defesa do Egito. Não percebendo aquela manobra como a farsa que era, o exército egípcio soltou um bombardeio concentrado nas marionetes, expondo suas forças e fraquezas militares.

Com essa nova informação, França e Inglaterra entenderam o alcance do poder de fogo e das tropas do oponente, e imediatamente atacaram as posições defensivas do Egito, destruindo-as inteiramente. Depois, então, foram capazes de montar uma estratégia eficiente de embarque e desembarque.

Sonde a situação e observe a reação

"Bata na grama, surpreenda a cobra" é uma arma eficiente quando negociação e persuasão forem a ordem do dia. Em situações assim, não é aconselhável que você chacoalhe unilateralmente tudo aquilo que tem a oferecer ou a dizer de uma só vez. Para negociar eficientemente, e atingir suas metas, você precisa entender primeiro as verdadeiras intenções de seu oponente e os meios que ele tem ao seu dispor. Você pode empregar esta estratégia até o último minuto, a fim de sondar e reunir informações com as respostas obtidas. Uma vez que disponha do que precisa, prepare seu contra-ataque.

NOTA

1. *Retorno*, o 24º hexagrama, *Fu*, do *I Ching*. Apesar de não haver citação direta aqui, a inclusão do título do hexagrama requer alguma nota. Sessões relevantes podem ser descritas a seguir. Nos comentários, lê-se:

    Com *Retorno*, "significar" quer dizer que o forte (*yang*) retorna. Movendo, por meio da ordem, as coisas são postas em ação. Com isso, sair e retornar são desempenhados perfeitamente, e amigos chegam sem culpa.

    Na primeira das seis linhas, que representa as nuances dos hexagramas, encontramos o seguinte: "Volte sem ir longe demais. Isso não trará arrependimento. Boa sorte fundamental". E na sexta linha, esta nota de precaução aparece: "Retornar em confusão traz más notícias. Haverá calamidade e uma visão pobre. Se o exército for movido dessa forma, haverá grande falha no final".

Estratégia 14

Pegue o cadáver emprestado e reanime sua alma

Você não deve contratar alguém que seja útil.
Você deve buscar uma pessoa que seja
incompetente e inútil.
Contrate os incompetentes e inúteis, e use-os.
Não procure a tola juventude,
porque ela irá procurá-lo na volta.[1]

Nesta estratégia, uma pessoa independente é difícil de ser gerenciada e impossível de ser usada. Entretanto, a pessoa que procura auxílio na força dos outros buscará sua assistência. Tire vantagem de pessoas assim e aumente suas oportunidades. Isso não é nada mais do que uma estratégia para gerenciar seu oponente, em vez de permitir que ele o controle.

"Pegue o cadáver emprestado e reanime sua alma" é a importante estratégia de usar aqueles de quem você pode tirar vantagem para aumentar seu próprio poder. Claro, há mais de uma maneira de tirar vantagem das pessoas ou situações. Aqui vão três exemplos de como usá-las:

- Como um quebra-mar para suas próprias defesas.
- Como uma capa de invisibilidade enquanto aumenta seu próprio poder.
- Como degraus para aumentar o apoio de seu próprio pé.

Além disso, como pré-requisito para tirar vantagem de alguém, é essencial que o poder da outra pessoa seja fraco, mas ainda válido para ser utilizado. Se o poder da outra pessoa for sem substância e não valer a pena explorá-lo, descarte-a.

Até mesmo um pastor pode oferecer algo para se tirar vantagem

Assim que o Primeiro Imperador de Ch'in morreu, rebeliões explodiram em toda a China em protesto contra a opressão de Ch'in. Aqueles que encabeçavam as rebeliões eram homens da classe fazendeira, como Ch'en Sheng e Wu K'uang; mas, Hsiang Liang e Hsiang Yu, de Ch'u, e Liang Pang, de P'ei, também se juntaram prontamente aos insurgentes.

Quando Ch'en Sheng e Wu K'uang foram mortos nas revoltas contra Ch'in, a formação dos aliados continuou sob a liderança de Hsiang Liang. Naquela ocasião, o estrategista Fan Tseng disse as seguintes palavras para Hsiang Liang:

"É natural que Ch'en Sheng tenha sido derrotado. Isso aconteceu porque, entre os seis Estados que derrubaram Ch'in, aqueles que mais se ressentiam contra ele eram as pessoas de Ch'u. Ch'en Sheng, contudo, não entendia o fato e, apesar de ele ter assumido a liderança e ter levantado um exército, ignorou os descendentes do governador de Ch'u e se tornou um rei. Assim, não admira que a luta dele tenha terminado com a perda de sua vida. Por outro lado, quando você levantou um exército em Chiang Tung, os generais saltaram aos seus pés de todos os lugares em Ch'u e se apressaram para se juntar a você. Isso porque, somado ao fato de pertencer a uma família de líderes militares de Ch'u há gerações, eles têm a esperança de que você restaure a casa real. Espero que você não se esqueça disso."

Hsiang Liang viu uma previsão por trás das palavras de Fan Tseng. Ele rapidamente procurou um descendente do antigo rei de Ch'u, um homem chamado Hsien, que agora trabalhava como pastor, e o nomeou como sucessor do atual governador, dando-lhe o nome de Huai. No devido tempo, este homem tornou-se o líder nomeado da aliança Ch'in.

Os exércitos da aliança se reuniram em torno do nome do rei Huai e avançaram para atacar a capital de Ch'in, em Hsien-yang. Mas, já que Ch'in tinha sido derrotada, a utilidade do rei Huai deixara de existir, e ele foi finalmente destituído pela mão de Hsiang Yu, que se levantara para ser o homem mais poderoso das alianças dos exércitos.

Como Ts'ao Ts'ao tirou vantagem do imperador

Durante o período caótico de O romance dos três reinos, Ts'ao Ts'ao juntou um exército, reunindo-o a partir de uma força militar de apenas alguns milhares de soldados. Após alguns anos, construiu uma poderosa base independente na província de Yen, localizada na enseada do rio Amarelo. Contudo, seu poder ainda não era grande o bastante para suplantar o de seus rivais. Para aumentar ainda mais sua base, ele programou diversas estratégias a fim de se preparar para o futuro, e uma delas era receber o atual imperador em sua própria base natal, em Hsu.

O imperador Hsien, o último da corte de Han, estava lutando com sua própria capital arruinada, chegando a encarar a fome em algumas ocasiões. Os rivais de Ts'ao Ts'ao, que tinham ganhado terreno em diversos Estados, haviam começado suas próprias expedições punitivas. Nem um deles estenderia uma mão para ajudar o imperador.

Para Ts'ao Ts'ao, aquela visita era valiosíssima. Ainda que sua autoridade tivesse diminuído, ele ainda era o imperador. Fosse movendo tropas ou dando ordens aos rivais, havia uma grande diferença no capital político se o imperador encabeçasse uma das forças. Assim, de um ponto de vista político, porque Ts'ao Ts'ao decidiu dar apoio ao imperador, sobressaiu-se aos outros líderes.

Ts'ao Ts'ao manipulou o imperador Hsien como uma marionete, tirando vantagem da sua autoridade enquanto aumentava sua própria força. Ao agir dessa maneira, tornou-se o homem mais poderoso de sua época. Ainda assim, ele não buscou se levantar acima do nome do imperador. Em vez disso, assegurou seu poder e deixou que o imperador mantivesse seu trono.

Liu Pei toma Shu

Liu Pei, um dos rivais de Ts'ao Ts'ao, também se encontrava em uma posição de confiança na qual podia lucrar aplicando a estratégia "Pegue o cadáver emprestado e reanime sua alma".

Liu Pei estava ávido para conseguir fazer algo em Shu, mas um homem chamado Liu Chang já se estabelecera anteriormente na região e a governava habilidosamente, sem provocar rusgas com quaisquer de seus rivais. Assim, Liu Pei não tinha um pretexto real para mobilizar um exército. Liu Chang, contudo, sentiu algum mal-estar com relação às defesas de Shu ao norte, e solicitou a ajuda de Liu Chang com base no nome de família que ambos partilhavam.

Liu Pei, vislumbrando uma oportunidade, pensou: "Qualquer bote para cruzar o rio", e, liderando um exército, marchou para Shu. Lucrando com sua pretensão, atacou Liu Chang e, no final, tomou posse de Shu.

Acenando como um aliado, encontrou uma falha no outro partido. e assumiu o que ele viu como sendo o "cadáver" de Liu Chang para pavimentar seu poder.

NOTA

1. Do 4º hexagrama, *Meng*, do *I Ching*, ou *O livro das mutações*. No comentário, lê-se: *"Não procure a tola juventude, porque ela irá procurá-lo na volta"*.

    Na primeira linha, encontramos este comentário: *"Desenvolva a tola juventude. É benéfico fazer de alguém um exemplo. Se você afrouxar as correntes dela e seguir em frente, haverá arrependimento"*; na segunda linha, *"Abrace a tola juventude. Boa sorte"*. E um aviso na terceira linha no que diz respeito ao caráter da tola juventude que você pode estar utilizando: "*Não tome esta mulher como esposa. Se ela vir um jovem com dinheiro, não agirá apropriadamente, e não haverá vantagem*".

Estratégia 15

Pacifique o tigre e afaste-o da montanha

Espere pelo Céu,
e assim produza distração.
Empregue outra pessoa, e então seduza.
Saia, não há obstrução;
Permaneça em casa, existe retorno.[1]

Quando abençoado por condições naturais favoráveis, tire vantagem delas e antagonize o inimigo; além disso, seduza-o ao espalhar iscas que sejam prováveis de ele abocanhar. Quando o perigo pode ser previsto, ainda que você faça o ataque, mostre deliberadamente ao seu oponente uma abertura contra a qual deseja que ele invista.

O "tigre" desta estratégia significa um formidável inimigo; a "montanha" significa seu refúgio. O tigre que vive em uma montanha abençoada pelas vantajosas condições naturais é difícil de ser derrotado. A ideia é que, a fim de submeter um tigre bem entrincheirado, primeiro você precisa afastá-lo da montanha. Falando do ponto de vista das táticas e manobras de batalha, esta estratégia prevê estes dois métodos:

- Quando o inimigo estiver entrincheirado em um castelo ou uma fortaleza muito bem defendida, esta estratégia requer que ele abandone a fortaleza.
- No caso de confronto direto, direcione o ataque do inimigo para outro lugar e mitigue a pressão na linha de frente.

Em ambos os casos, para obter sucesso com esta estratégia é essencial desenvolver um ardil para seduzir o inimigo. A chave é a habilidade com a qual esse ardil é concebido e executado.

Yu Hsu seduz o Tigre

Por volta do final do período da corte do Antigo Han, uma tribo de povos não chineses do oeste da China, chamada Ch'iang, se levantou em uma rebelião e invadiu Wu Tu. Após a invasão, um homem chamado Yu Hsu foi apontado como governador, e ordenou que a tribo fosse subjugada. Liderando as tropas para esse novo embate, o séquito de Yu Hsu foi bloqueado por um exército de Ch'iang enquanto se aproximava de Chen Ts'ang, e impedido de avançar.

Após um pouco de reflexão, Yu Hsu enviou uma nota oficial solicitando reforços da corte imperial, relatando que ficaria no aguardo da sua chegada antes de seguir em frente. A tribo Ch'iang descobriu a decisão de Yu Hsu e julgou que seu exército permaneceria estacionado por pouco tempo. Com essa informação em mãos, a tribo resolveu tirar vantagem da má sorte de Yu Hsu. Ela dividiu suas tropas e atacou províncias vizinhas, pilhando propriedades e bens.

Assim que Yu Hsu havia confirmado que os Ch'iang tinham dividido suas forças, marchou firmemente ao longo do dia e da noite na direção da fortaleza de Wu Tu.

Além disso, cada vez que seu exército parava para descansar, ele ordenava que seus soldados construíssem e acendessem mais fornos de barro, assim multiplicando diariamente o número deles. Quando as forças Ch'iang viram o número de fornos, tiveram certeza de que os reforços haviam chegado, e não ousaram atacar. Dessa forma, Yu Hsu conseguiu romper com o bloqueio, adentrou a fortaleza de Wu Tu e, tendo uma grande vantagem, agora que as forças de Ch'iang estavam divididas, foi capaz de destruir seu exército.

A falsa mensagem para a corte imperial afastou o tigre para fora da montanha.

Han Hsin acampa de costas para uma correnteza

Esse evento ocorreu quando Han Hsin, da dinastia Han, atacou Chao. As tropas que liderava tinham menos de 10 mil homens, enquanto seus oponentes contavam mais de 200 mil, e estavam, além disso, entrincheirados em uma fortaleza segura e sólida.

Claramente, ele não tinha chances de vencer em um ataque direto. Então, Han Hsin armou um plano para mudar suas chances. Primeiro, selecionou 2 mil soldados, suprindo cada um com uma bandeira vermelha de Han, e ordenou-lhes que se preparassem para se esconder em um recesso da montanha que ficasse sobre a fortaleza do exército de Chao.

Então, revelou seu plano:

"Na batalha de amanhã, a força principal atacará e, depois, fingirá se retirar. Nós armaremos acampamento para que eles pensem que somos tolos. Vendo nossa tolice, o inimigo deixará sua fortaleza e nos caçará na esperança de nos aniquilar. Ele pensará que somos uma presa fácil. Uma vez que eles deixem o forte, os 2 mil homens se precipitarão para dentro da fortaleza, vindo de seus lugares escondidos nas montanhas, derrubarão as bandeiras brancas de Chao e içarão todas as 2 mil bandeiras vermelhas."

Dito isso, Han Hsin ordenou que o restante das tropas principais se mobilizasse e então acampasse com as costas viradas para o rio que corria na frente do exército de Chao.

Quando a manhã chegou, o exército de Chao ficou ciente da situação e riu com desdém, tomando Han Hsin como um tolo que não sabia nada sobre as artes militares. Certamente, não importa quantos livros militares alguém estude de *A Arte da Guerra* em diante, não está escrito em lugar algum que você deve acampar com as costas para um rio e interromper a rota de fuga.

De acordo com o plano, após o inimigo ter visto o acampamento, Han Hsin liderou um batalhão e atacou a fortaleza. O exército de Chao agora via seu oponente com tanto desdém, que abandonara sua fortaleza em um contra-ataque. Han Hsin, abandonando suas insígnias, imediatamente se retirou e fugiu para o acampamento ao longo das margens do rio, dirigindo o exército de Chao para cada vez mais longe de sua fortaleza.

Inevitavelmente, seu exército correu até o rio e, sem ter para onde fugir, se virou para lutar. Todos na tropa de Han Hsin lutaram desesperadamente, e o exército de Chao, apesar de superior em números, recebeu mais do que poderia lidar.

Enquanto isso, a força destacada que havia se escondido nas montanhas entrou e ocupou a fortaleza abandonada. Ao ver a fortaleza capturada e tantas bandeiras inimigas tremulando, o moral das tropas de Chao começou a desmoronar. A seguir, as tropas de Han Hsin atacaram por trás. Esta manobra provou-se mortal, e finalmente destruiu o espírito das tropas de Chao, que foram aniquiladas sem perdão.

Com sua "resistência final",[2] Han Hsin extraiu o melhor de suas tropas e seduziu seus oponentes com a estratégia "Pacifique o tigre e afaste-o da montanha".

NOTAS

1. Do 39º hexagrama, *Chien*, do *I Ching*, ou *O livro das mutações*. Na terceira linha lê-se: *"Se você for, não haverá obstrução; se ele vier, o oposto"*. No comentário, está escrito que *"obstrução significa dificuldade. É um excesso seguir em frente. Reconheça o perigo e seja capaz de parar. Isso é sabedoria"*.

2. Por causa da defesa de Han Fsin contra Chao, "Acampar com as costas viradas para um rio" é traduzido agora como "empreender uma última resistência".

Estratégia 16

SE VOCÊ
O COBIÇA,
DEIXE-O
EM PAZ

*Pressione-os severamente, e os soldados inimigos
se dirigirão a você com raiva.
Deixe-os fugir, e o poder deles diminuirá.
Não os pressione demais.
Deixe seu vigor se esvaziar;
deixe sua vontade de lutar se extinguir.
Se você pegar o inimigo
após suas forças se espalharem,
seus soldados não terão sangue em suas lâminas.
Na espera[1] está a sinceridade e a luz.*

Se você atacar, bloqueando a estrada para a retirada, seu oponente contra-atacará em desespero. Se permitir que seu oponente se retire, a energia dele se dissipará naturalmente. Durante a perseguição, você não deve encurralá-lo ou pressioná-lo demais. Se esperar para apreendê-lo após sua força diminuir, sua vontade de lutar desaparecerá. A vitória será sua sem derramamento de sangue. Se aguardar pelo momento certo, você pode esperar um bom resultado.

"Se você o cobiça, deixe-o em paz" defende dar ao inimigo uma chance para escapar. Se você cercá-lo completamente, e pressioná-lo, ele pode resolver promover uma última resistência e lançar um contra-ataque furioso; como diz o ditado: "Um rato encurralado morderá um gato". Opor-se a um inimigo impelido pelo desespero cria uma possibilidade de que suas próprias forças também sofram um considerável prejuízo. Para evitar uma situação assim, você não deve atacar impetuosamente, mas sempre permitir uma rota de escape para que seu inimigo se retire. Deixar a possibilidade de fuga aberta é o coração desta estratégia.

Em *A arte da guerra* há uma frase: "Wu e Yuech no mesmo bote". O povo de Wu e o de Yuech nunca se deram bem. Apesar disso, quando estão juntos em um barco que está em perigo eminente, eles se unem e cooperaram, a despeito de sua longa inimizade. Quando um exército se encontra encurralado, um bom líder usará a oportunidade para reorganizar suas tropas para lutarem com o máximo de sua capacidade. Essa filosofia está explícita em *A arte da guerra*.

Os conteúdos desta estratégia implicam que forçar o inimigo para um beco sem saída deve ser evitado a todo custo. Ao atacar furiosamente um inimigo mais fraco, sem lhe permitir uma rota de retirada – o que já é uma admissão de derrota –, você o coloca em uma situação de "Wu e Yuech no mesmo bote", e, de repente, emerge a possibilidade de um contra-ataque ousado, que pode fazer o movimento da batalha se voltar contra você. Portanto, Sun Tzu recomendou "não pressionar um inimigo encurralado", prevenindo contra a tolice de ataques precipitados.

Sete solturas, sete capturas

Em *O romance dos três reinos,* quando Chu Ko K'ung-ming pacificou a rebelião dos povos não chineses do sul, usou esta tática como estratégia política. O líder da rebelião era um homem que atendia por Meng Huo, e quando K'ung-ming estava para avançar com seu exército pelo sul, alertou todas as suas tropas que não deveriam matar Meng Huo, mas pegá-lo vivo.

Após uma violenta batalha, Meng Huo foi capturado e levado à presença de K'ung-ming. O líder fez um passeio com ele por suas tropas, revelando sua força e posição. "O que você acha?", ele perguntou?

"Sofri uma derrota porque não havia entendido sua disposição de batalha antes", Meng Huo repetiu. "Mas agora que você foi gentil o bastante para mostrá-la para mim, eu, com certeza, o vencerei na próxima vez que lutarmos."

K'ung-ming riu e disse: "Isto é interessante. Tudo bem, deixem este companheiro partir".

Dessa forma, Meng Huo foi capturado sete vezes e sete vezes solto – e assim nasceu a frase "Sete solturas, sete capturas".

Na sétima ocasião em que foi preso, até mesmo o intrépido Meng Huo deve ter sentido no fundo de seu coração que tinha perdido. Quando K'ung-ming estava para soltá-lo mais uma vez e perdoá-lo, Meng Huo disse: "Sua liderança é mesmo como a de um deus. Não me voltarei contra você novamente", e, cumprindo sua promessa, jamais tornou a sair do lado de K'ung-ming.

K'ung-ming complementou seu julgo militar com a habilidosa estratégia política de "Se você o cobiça, deixe-o em paz", e, no final, capturou completamente o coração das tribos do sul.

Um rato encurralado morde um gato

Durante o reinado do rei Mang, de Hsin, houve insurreições de exércitos de fazendeiros ultrajados em todos os distritos. Um desses exércitos era liderado por K'un Yang. O rei Mang colocou Wang I no comando de um exército de mil homens e ordenou que subjugasse o exército de K'un Yang. Wang I cercou completamente a fortaleza rebelde e fez planos para atacar. Então, seu tenente, Yen Yu, se aproximou e disse:

"Apesar de K'un Yang ter uma pequena fortaleza, ele tem uma defesa robusta, e não poderemos atacá-lo e derrubá-lo com facilidade. Neste instante, a força principal dos rebeldes está entocada em Yuan. Se primeiro conquistarmos a situação em Yuan, suspeito que K'un Yang e seus rebeldes irão se espalhar como o vento e nos mostrar seus calcanhares."

Mas Wang I não prestou atenção a esse conselho; em vez disso, fortaleceu o cerco à fortaleza e empreendeu um ataque imprudente. O exército de fazendeiros na fortaleza inteira implorou por rendição, mas Wang I não queria escutar.

Àquela altura, Yen Yu novamente se adiantou e alertou: "Nas artes militares é dito que 'Se você cercar seu inimigo, deve sempre deixar um caminho para se retirar'. Não seria sábio permitir que alguns dos rebeldes escapem, e deixar que informem os outros de nossa força?".

Mas novamente Wang I ignorou seu tenente-general.

Uma vez que o exército de fazendeiros na fortaleza não recebeu a opção de rendição, e todos os caminhos para fugir tinham sido fechados, não havia nada a fazer senão armar uma resistência desesperada. Enquanto mantinham sua fortaleza com esse espírito, reforços rebeldes finalmente chegaram. Repentinamente, as tropas de Wang I se encontraram sendo atacadas de ambos os lados, dentro e fora da fortaleza, e foram aniquiladas sem misericórdia.

A causa da destruição de Wang I reside no fato de ele ter ignorado a sugestão de Yen Yu de aplicar "Se você o cobiça, deixe-o em paz". Ao atacar seu oponente sem lhe dar uma rota de fuga, Wang I abriu as portas para sua própria derrota, demonstrando inadvertidamente o axioma que diz: "Um rato encurralado morde um gato".

Não encurrale seu oponente – outros exemplos

"Se você o cobiça, deixe-o em paz" também pode ser instrutivo na manutenção de relacionamentos humanos mais harmoniosos. *T'sai Ken Tan*,[2] um livro que advoga uma abordagem mais humanística para a vida, discute esse fato sob diferentes ângulos.

As falhas humanas precisam ser consertadas tanto quanto for possível. Expor cegamente o outro é agir de uma forma culposa, o que não trará uma boa resolução.

Mesmo que expulse um homem mau, você deve lhe propiciar uma forma de se retratar. Se atormentá-lo durante todo o caminho até seu abrigo, ele se sentirá como um rato aprisionado em uma gaiola, com sua rota de fuga bloqueada. Como consequência, ele terá de cerrar os dentes.

Quando você emprega uma pessoa, pode haver ocasiões nas quais se sinta incapaz de lidar com a situação. Em tempos assim, é melhor deixar a coisa quieta por um período, e esperar até que a outra pessoa mude seu comportamento por conta própria. Não é bom interferir com seus esforços e tornar as coisas intratáveis.

NOTAS

1. Do 5º hexagrama, *Hsu*, do *I Ching*, ou *O livro das mutações*. No comentário, lê-se:

   Espera significa ser paciente. Há excesso ocorrendo à sua frente. Seja firme (*yang*) e forte, não caia no declive; assim você não se distrairá. *Se na espera houver sinceridade, luz e verdade, haverá boa sorte;* você estará em uma posição dada pelos Céus, portanto, corrija e acerte o alvo. *"Há benefício em cruzar um grande rio"* significa que há mérito em se mover.

2. *T'sai Ken Tan* (*Discursos da Raiz Vegetal*). Livro do final do período Ming, escrito pelo acadêmico eremita Hung Ying-ming. Seus 357 versos em prosa e poesia expressam os significados do taoísmo, confucionismo, zen e budismo em geral. Ele defende viver com valores verdadeiramente humanísticos, em vez de aderir a ideias formais que visam às manias e fraquezas da humanidade. O autor acredita em viver com os erros dos nossos semelhantes.

Estratégia 17

Coloque um tijolo, retire jade

Seduza-o com trapaças,
ataque a tola juventude.[1]

Use a enganação e confunda o julgamento do inimigo; jogue os pensamentos dele no caos.

A estratégia "Coloque um tijolo, retire jade" é expressa em japonês com a frase "Pesque um bom peixe usando camarão". Em outras palavras, a ideia é espalhar iscas para atrair o inimigo e, então, aniquilá-lo quando ele chegar. Neste caso, quanto mais a isca parecer deliciosa, mais eficiente será a estratégia. Entretanto, ela precisa estar disfarçada, de outro modo o inimigo não a moderá. Portanto, um artifício é necessário para mascarar o verdadeiro propósito da isca. Enfim, o objetivo desta estratégia é criar uma invenção que irá seduzir e capturar o inimigo.

Seduzir o inimigo com um chamariz

Esse evento ocorreu durante o período entre a primavera e o outono, quando o Estado de Ch'u atacou o pequeno Estado de Chiao. Os exércitos de Ch'u acamparam no lado sul do castelo de Chiao, e o general Ch'u Hsia se aproximou do governador de Ch'u e disse:

"Chiao é um Estado pequeno e, pior, carente de prudência. Por que não enviamos alguns carregadores de lenha para dentro das montanhas, sem guardas, e atraímos o inimigo para fora?"

Naqueles dias, lenha era uma necessidade militar. Sem ela, os soldados não podiam cozinhar e, portanto, nem se alimentar. Ao enviar carregadores para colher lenha, Ch'u estava alertando o inimigo de uma suposta fraqueza. Na verdade, o exército de Ch'u já tinha suprimento suficiente de madeira, e os carregadores eram, na verdade, uma isca.

O governador de Ch'u colocou essa sugestão em prática. Um grupo de trinta carregadores foi enviado para as montanhas sem guardas. Chiao viu isso como uma oportunidade. Mandou uma companhia de soldados e capturou os carregadores de lenha do seu oponente. No dia seguinte, o exército de Ch'u enviou novamente carregadores desarmados em busca de lenha. Chiao, pensando que o inimigo estava sofrendo uma carência de refeições, e na expectativa de prolongar sua angústia, novamente enviou um grande destacamento de soldados para caçar os carregadores.

Enquanto isso, Ch'u, aproveitando a vantagem do excesso de confiança de Chiao, estava montando uma emboscada próximo ao portão norte do castelo. Quando os portões foram abertos para morder o resto da isca, os soldados de Ch'u invadiram o castelo e forçaram Chiao a se render.

A asneira de Liu Pang

Na época em que Liu Pang, o fundador da dinastia Han, derrotou seu rival Hsiang Yu e estabeleceu o Império Han, um excepcional líder chamado Mao-tun Tan-kan apareceu entre os Hsiung-nu,[2] uma tribo de povos não chineses do norte, e juntou uma poderosa força de soldados.

Em certa ocasião, Mao-tun liderou um grande exército e invadiu o território chinês. O próprio Liu Pang organizou uma força punitiva e rumou para o *front*. Era inverno, e o campo de batalha se deparava com uma severa onda de frio, e nevava a mais não poder. Os soldados do exército de Han eram assolados pelo frio, um após o outro, e dois ou três de cada dez perdiam os dedos.

Mao-tun estava ciente disso e, fingindo fugir, preparou uma estratégia para seduzir o exército de Han ainda mais para o norte, para dentro do país tomado pela neve. Liu Pang mordeu a isca e, achando que Mao-tun fugira ante a perspectiva de encarar uma força maior, seguiu-o para o norte em perseguição. Mao-tun posicionou 40 mil soldados de elite na retaguarda, deixando assim que suas tropas mais fracas liderassem, e as liderou pessoalmente para atacar o inimigo. Liu Pang, confiante na vitória, despachara rapidamente toda sua cavalaria para atacar a linha frontal, deixando os soldados a pé bem para trás. Sem demora, Mao-tun enviou os 40 mil soldados montados e cercou a força dividida de Liu Pang no Monte Pai Teng.

Àquela altura, Liu Pang percebeu seu erro, e mal foi capaz de quebrar o cerco e fugir, sem dúvida se repreendendo por seu descuido em cair na clássica estratégia "Coloque um tijolo, retire jade".

Ganhos e perdas são vizinhos

Não podemos simplesmente ridicularizar as falhas de Liu Pang. Quantas vezes nós mesmos corremos atrás de uma doce isca e terminamos nos recriminando por termos sido tão crédulos? Do ponto de vista chinês, em ocasiões como essas, a responsabilidade pelos resultados reside na pessoa que mordeu a isca, e não naquela que assediou seu adversário.

Em um livro chamado *Huai Nan Tzu*,[3] está escrito: "Ganho e perda são vizinhos". E em *Hsun Tzu*[4] há um aviso: "Não olhe para um ganho sem refletir sobre sua perda concomitante. Você deve manter um julgamento frio, imparcial o suficiente para descobrir uma perda escondida por trás de um ganho inebriante".

NOTAS

1. Do 4º hexagrama. Na sexta linha lê-se: "Ataque a tola juventude. Mas não há benefício em fazer dela um inimigo. É benéfico evitar um prejuízo futuro". No comentário a essa linha está escrito: "o benefício de prevenir um prejuízo futuro é que o mais alto e o mais baixo estarão na ordem adequada".

2. Hsiung-nu. Um povo turco que vivia na Mongólia. O grupo norte dessa tribo rumou para o ocidente, e lá eles ficaram conhecidos como Hunos.

3. *Huai Nan Tzu*. Livro do século II a.C., com 21 capítulos, que contém os escritos taoístas e sincréticos de Liu An, príncipe de Huai Nan (122 a.C.). Liu An era o neto de Kao Tsu, o fundador da dinastia Han, e se cercou de escolásticos em sua corte. Privilégio e filosofia talvez não fossem suficientes para ele, já que Liu Na armou uma rebelião e, após seu malogro, foi obrigado a cometer suicídio.

4. *Hsun Tzu*. Livro do século III a.C., do filósofo de mesmo nome. Parte taoísta, parte autoritário, diz-se que teve grande influência nas políticas ditatoriais do Primeiro Imperador. Hsun Tzu acreditava fortemente na lógica, na ordem, na economia adequada e no progresso. Fei Tzu, já mencionado (nota 3 da Estratégia 3 – Pegue uma espada emprestada para promover a sua matança), foi um de seus pupilos.

Estratégia 18

Para pegar um ladrão, apanhe seu líder

Esmague a armadura dele, apanhe sua cabeça;
assim você desmantela seu corpo.
Quando um dragão lutar em uma planície,
ele será encurralado.[1]

Se você aniquilar a força principal de um exército e apreender seu líder, poderá acabar com o exército inteiro. Esse tipo de oponente é como um dragão que desceu para a terra; você pode derrotá-lo como quiser.[2]

O conceito de "Para pegar um ladrão, apanhe seu líder" é que você precisa destruir a força principal do inimigo, ou seu núcleo central, para obter uma vitória duradoura. Não importa quantas vitórias pequenas e locais alcançar, a vitória final não estará garantida até que a força que sustenta o oponente seja destruída. Se você afrouxar antes, há a possibilidade de que seu adversário se recomponha, volte-se contra você com um feroz contra-ataque e lhe dê o sabor da derrota. Para evitar esse resultado, é preciso esmagar seu oponente completamente.

Qual é, então, a forma adequada para seguir em frente? Você não deve se satisfazer com vitórias pequenas; você tem que pulverizar a força principal do inimigo e esmagar seu desejo de resistir. Esta é a estratégia de "Para pegar um ladrão, apanhe seu rei".

A inteligência de Ts'ao Ts'ao

Ts'ao Ts'ao foi chamado de herói astuto no mundo de caos descrito em *O romance dos três reinos*, mas durante sua vida ele provou o gosto de diversas e sérias derrotas. O evento agora narrado ocorreu quando ele atacou Lu Pu, que estava escondido em Pu-yang.

De tempos em tempos, um traidor se esgueirava do castelo, oferecendo-se para liderar um ataque secreto. Ts'ao Ts'ao decidiu aceitar a oferta de um homem e, liderando ele mesmo o exército, abordou o portão leste na calada da noite.

Mas, naquele exato momento, enormes chamas surgiram de dentro do castelo e iluminaram a cena. O exército de Lu Pu apresentava-se para um ataque surpresa. Quando Ts'ao Ts'ao percebeu que fora traído, era tarde demais. Seu exército estava prestes a ser completamente cercado.

Apesar de Ts'ao Ts'ao ter sido enganado, era um líder sagaz, e foi capaz de manter sua cabeça no lugar.

Não demorou muito para que inimigos montados a cavalo fossem na direção deles, apontassem suas lanças na direção dos homens e gritassem, "Onde está Ts'ao Ts'ao?".

"L... Logo ali!", gritou Ts'ao Ts'ao, apontando para um de seus generais. "O homem cavalgando aquele cavalo marrom."

Ao ouvir aquilo, os inimigos, a galope, foram atrás do homem com o cavalo marrom.

Com seu rápido raciocínio, Ts'ao Ts'ao escapou do perigo que seu inimigo representava, pois, é claro, sua intenção era esmagar o líder e o coração do exército.

Mas eles falharam, e Lu Pu não conseguiu dar sequência à sua vitória inicial. O resultado foi que, quatro anos mais tarde, quando Ts'ao Ts'ao já restabelecera sua ofensiva, retornou e destruiu Lu Pu completamente.

Ataque no ponto fraco

Tudo tem um ponto fraco. Há algumas coisas tão complexas que você mal sabe como abordá-las. Mas, se puder encontrar o ponto fraco e aplicar pressão sobre ele, a solução será mais simples do que pode imaginar. Da mesma forma, todos têm seu calcanhar de aquiles. Se você conseguir atacá-lo, sua negociação ou persuasão se desenvolverá sem contratempo. Esta também pode ser uma variação de "Para pegar um ladrão, apanhe seu líder".

Se quiser acertar um general, acerte seu cavalo

A frase "Para pegar um ladrão, apanhe seu líder" vem de *Antes de Sair para o Front*, um poema de Tun Fu, poeta da dinastia T'ang:

> Se você quiser acertar um homem,
>   primeiro acerte seu cavalo.
> Se você quiser pegar um ladrão,
>   primeiro apanhe seu líder"

No mesmo poema há o ditado: "Se quiser acertar um general, acerte seu cavalo", que é uma variação interessante do mesmo tema.

A frase costuma ser mencionada juntamente com o esforço de um homem para ganhar o coração de uma jovem dama, sugerindo que, para chamar a atenção do amor dela, primeiro é preciso fazer da mãe dela sua aliada. Todavia, vale lembrar que em nossa época, em que as damas são menos suscetíveis aos comandos de suas mães, esta tática perde a relevância.

Entretanto, quando tentar conquistar outra pessoa, em vez de "atacá-la" diretamente, entrar pela porta dos fundos e abordar alguém que tenha influência sobre ela pode ser uma estratégia eficiente, mesmo nos dias de hoje.

Quando planejar abordar o presidente de uma companhia, por exemplo, há ocasiões em que abordar sua esposa pode fazer maravilhas. Esse método é ainda mais efetivo se a esposa tiver o marido na palma da mão.

Você pode aplicar esta tática mesmo se tratando de empreendimentos mais comerciais.

Quando aborda clientes, em quem você mira? Certamente na pessoa que traz consigo as rédeas da bolsa. No Japão, esta pessoa costuma ser, com maior frequência, a esposa e não o marido. Portanto, em vez de mirar no marido (o general), muitas empresas miram na esposa (o cavalo). A probabilidade de sucesso é maior. Na verdade, pesquisas de marketing confirmam que mirar nos desejos de compras das donas de casa e mobilizá-las leva a grandes lucros.

Em termos mais abrangentes, você não deve ser enganado por aparências exteriores. Sim, o general parece esplêndido em seu corcel, mas se você quiser abordá-lo e atacá-lo, busque o verdadeiro suporte (o cavalo), e mire seus ataques nessa direção.

NOTAS

1. Do 2º hexagrama, *Kun*, do *I Ching*, ou *O livro das mutações*.
2. Isso porque um dragão está lutando em casa quando na água ou no ar.

Parte IV

ESTRATÉGIAS PARA SITUAÇÕES AMBÍGUAS

Quando o ataque e a defesa continuam em um ritmo de "um passo a frente, um passo atrás", e o movimento da guerra se tornar imprevisível, você deve preparar alguma nova estratégia ou tática para alcançar a vitória. Em situações assim, uma estratégia do fraco superando o forte talvez seja o melhor caminho para derrubar as forças inimigas.

Estratégia 19

Tire a lenha que está embaixo da chaleira

*Não use força contra um inimigo (mais forte);
em vez disso, desgaste o vigor dele
como na imagem do Céu sobre o Lago.*[1]

Quando o poder do inimigo for grande e você não puder resistir com suas próprias forças, desgaste o espírito dele e tire o veneno de suas presas. Este é um exemplo de como forçá-lo a se render por meio do "fraco superando o forte".

O conceito "Tire a lenha que está embaixo da chaleira" deve ser aplicado quando se lida com um problema contra o qual confrontar sua causa principal não funciona. Mas a chaleira está fervendo rapidamente, e se tornou instável; agora, algo precisa ser feito. Está quente demais para ser segurada. Mas se puder tirar a lenha que está embaixo dela, a água fervente esfriará naturalmente, e daí em diante você poderá, com facilidade, administrar a situação por conta própria.

Da mesma forma, quando seu oponente for forte, se você encará-lo de frente, não terá chance de vencer. Para destruir um inimigo assim, é preciso mirar em um ponto fraco que possa selar seu destino. Entretanto, é necessário que essa ação seja relativamente fácil de ser executada, e que seu resultado seja de fato eficiente.

O verdadeiro problema, portanto, é encontrar um método eficaz. Dois pontos de ataque são:

- Cortar os suprimentos do inimigo. Não importa o quanto um exército seja formidável, se a linha de suprimentos for cortada, ele será incapaz de manter sua força.

- Abater o moral do inimigo. Se os soldados perderem a vontade de atacar, serão incapazes de funcionar como uma organização, independente do tamanho de sua força.

Ataque o berço real

A primeira cena de O *romance dos três reinos* é a Batalha de Kuan Tu, na qual Ts'ao Ts'ao e Yuan Shao lutam pela hegemonia do norte da China. Como Ts'ao Ts'ao obteve uma vitória fácil nessa batalha, colocou toda a região norte sob seu controle e se tornou o principal personagem do período que é abordado na primeira metade dessa grande novela épica.

Entretanto, a história conta que a força de Yuan Shao era muito superior – 100 mil, contra 20 mil do lado de Ts'ao Ts'ao. Em uma situação como essa, Ts'ao Ts'ao estava em grande desvantagem, independente do quão grande general ele fosse.

Ts'ao Ts'ao obtivera repetidamente vitórias em combates menores, mas, em face desse enorme exército, agora era obrigado a recuar pouco a pouco. Seus soldados mal conseguiam manter a posição em Kuan Tu. Estava claro que as forças inferiores de Ts'ao Ts'ao enfrentavam uma batalha perdida.

O momento da virada veio quando Ts'ao Ts'ao recebeu informações de soldados inimigos que haviam se rendido. As provisões militares de Yuan Shao tinham sido armazenadas em um lugar chamado Wu Ch'ao (literalmente, Berço Real), cujas defesas eram inadequadas. Assim que soube daquilo, Ts'ao Ts'ao reuniu um grupo de tropas altamente treinadas, montou um ataque noturno e transformou o lugar em cinzas.

Com esse único golpe, o movimento da batalha sofreu uma reviravolta. Os homens de Yuan Shao viram-se sem suprimentos. De repente, começaram a vacilar. Divisões internas romperam-se. O exército caiu em confusão, e logo foi incapaz de se organizar e se preparar para a batalha. Quando as tropas de Ts'ao Ts'ao atacaram, o exército de Kuan Shao foi derrotado e colocado para correr.

Quebrando o moral dos rebeldes

Durante o período Sung, um homem chamado Hsieh Ch'ang-ju tornou-se o superintendente de Han Chou. Pouco depois, o exército provinciano se rebelou, posicionou-se em frente a residência oficial, intentando matar o governador provincial e seu comandante do exército. Quando a notícia chegou a ambos os homens, eles começaram a tremer de medo e não deram um passo para fora.

Nessa altura, Hsieh Ch'ang-ju se ofereceu para intervir. Saindo, ele se dirigiu aos soldados rebeldes: "Tenho certeza de que todos vocês têm um pai e uma mãe, e uma mulher e um filho. Por que fizeram algo assim? Vocês sabem que nossos líderes são como pais para nós. Todos vocês, exceto os que estão na liderança, saiam agora!".[2]

Como resultado do discurso, todos aqueles que estavam apenas seguindo seus líderes começaram a ter dúvidas e, um por um, partiram tão dóceis quanto carneirinhos. Em seguida, os oito líderes fugiram e se esconderam, mas cada um deles logo foi preso. Todos na região perceberam que Ch'ang-ju evitara um desastre. Como? Ele quebrou o moral dos rebeldes ao tirar a lenha que estava embaixo da chaleira.

As tropas da inteligência britânica apagam uma fogueira alemã

No começo da Segunda Guerra Mundial, a nova arma dos alemães, o U-boat, estava quase completa. A reputação do novo submarino era tal que, antes mesmo que o primeiro grupo de botes estivesse completamente construído, vários milhares de jovens alemães haviam se alistado para fazer parte da tripulação. Esses jovens admiravam os submarinos, e se voluntariavam aos montes.

Os ingleses estavam alarmados, e as tropas de inteligência naval, que tinham obtido as informações sobre essa nova ameaça, começaram rapidamente uma campanha de contrapropaganda. Imprimiram um grande número de prospectos, que alertavam o quanto era perigoso servir em um submarino, e os espalharam por toda a Alemanha. Como suporte, transmitiram pelas ondas de rádio alemãs a importância de se evitar servir em submarinos sob a alegação da disseminação de doenças.

Como resultado, o entusiasmo pelo U-boat diminuiu, e uma aversão geral por submarinos tornou-se a norma. Assim, o desenvolvimento da tecnologia foi atrasado em vários meses além das primeiras expectativas.

NOTAS

1. Reunindo os dois trigramas, Céu e Lago, forma-se o décimo hexagrama, *Lu*, do *I Ching*. No Julgamento, lê-se o seguinte relato: "Pise no rabo do tigre. Ele não morde. Penetre no entendimento". Já na primeira linha encontramos: "Caminhe sem artifício. Ele avança sem culpa". O comentário da terceira linha é um aviso: "O homem caolho é capaz de ver, mas com claridade insuficiente. O homem coxo é capaz de andar, mas não consegue acompanhar os demais. (Pisar no rabo do tigre) e ser mordido é um mau agouro, pois eles estão em uma situação inapropriada. O guerreiro (inferior) age como um grande príncipe (superior) e sua vontade é firme". A quarta linha adiciona esta nota: "Pisar no rabo do tigre com grande cautela culmina em boa sorte".

2. Este era um tipo de arenga de Confúcio sobre a piedade filial, ou seja, o relacionamento do comandante com as tropas era o de um pai com seus filhos, que os soldados presumivelmente entenderam e levaram ao coração; ou possivelmente porque estavam, desnecessariamente, se colocando em perigo.

Estratégia 20

AGITE A ÁGUA
E PEGUE O PEIXE

Tire vantagem do caos interno do inimigo.
Beneficie-se de sua fraqueza
e falta de controle central.
Ao fazer isso, você encara a noite
e descansa com facilidade.[1]

Lucre a partir da confusão interna do inimigo, do declínio em sua força de batalha, ou de qualquer caos em sua linha de comando; manipule isso em seu benefício. Esta estratégia é tão natural quanto descansar em casa após um dia de trabalho.

"Agite a água e pegue o peixe" é uma estratégia na qual você agarra a vitória ao capitalizar a desordem interna de seu oponente. Se não encontrar a desordem, aja no sentido de criar confusão, e então tire vantagem da situação.

A essência desta estratégia está nestes dois pontos:

- Cause alguma perturbação para confundir o julgamento do seu oponente; então, explore sua desorientação.
- Das várias forças e facções dentro da organização de seu oponente, você mire aquela que for mais vacilante.

A estratégia de Wang Yang-ming

Sabe-se que Wang Yang-ming, que viveu durante a dinastia Ming, foi o progenitor da filosofia que recebe seu nome, e também um dos melhores estrategistas de batalhas do seu tempo. O evento narrado a seguir ocorreu quando ele servia como comandante de um exército e dissolveu a rebelião do rei Ning.

As forças de Ning já tinham iniciado um ataque, mas Yang-ming ainda não fizera os preparativos para contra-atacar, pois não via chance de vencer. Em vez de lutar uma batalha sem esperança, ele empreendeu uma estratégia astuta. Em segredo, escreveu uma carta para Li Shih-shih e Liu Yang-cheng, confiáveis empregados do rei Ning:

"Vocês gentilmente se deram ao trabalho de nos informar de suas condições internas, e estou impressionado com sua lealdade à nossa corte. Além disso, gostaria que sugerissem ao rei Ning que se mova para atacar as forças inimigas assim que possível. Se se afastarem do bastião dele em Nan Ch'ang, tudo fluirá exatamente conforme planejamos."

Feito isto, arrastou um dos espiões de seu oponente, capturado do confinamento, e, escolhendo um ponto do qual poderia ser visto facilmente, em voz alta deu a ordem para que fosse decapitado. Yang-ming secretamente instruira o carrasco para que transmitisse a seguinte mensagem ao espião: "Um companheiro que admira o rei Ning me deu esta carta secreta e quer que você a entregue para ele". O carrasco deveria entregar a carta ao espião e deixá-lo ir.

Uma vez libertado, o leal espião levou a carta para o rei Ning. Após lê-la, o rei ficou confuso. Será que dois de seus melhores homens o haviam traído? Ou aquilo era um truque? O rei ponderou essas duas possibilidades enquanto considerava o plano para a batalha que estava por vir. Li Shih-shih e Liu Yang-cheng, que diziam que capturariam Nan Ch'ang assim que possível e estabeleceriam o rei Ning como imperador, haviam proposto essa batalha. Mas a carta de Yang-ming agora jogava as sementes da dúvida. Haveria um truque no plano dele ou não? Massacrado pelo fardo da incerteza, o rei sucumbiu à dúvida e ao pesar.

Assim, mais de dez dias se passaram sem ação de parte do rei Ning, e sua vantagem escorreu pelos dedos. Finalmente, ele descobriu que o exército de seu oponente não havia sido montado ainda, e que Yang-ming criara um inteligente subterfúgio para ganhar tempo.

Mas já era tarde demais.

Wang Yang-ming confundira o julgamento de seu oponente, preparou seu exército e assegurou sua vitória.

O contra-ataque de Hitler

Rumo à parte final da Segunda Guerra Mundial, Hitler viu uma forte promessa de derrota. Sua ação decisiva para reverter esse declínio foi a Batalha de Ardennes. Em dezembro de 1944, ele posicionou vários milhares de homens e 2 mil tanques nas colinas de Ardennes, próximo à fronteira com a França, e começou a trabalhar em um contra-ataque geral.

Os alemães selecionaram 2 mil oficiais e homens que tinham habilidade com a língua inglesa, vestiram-nos com uniformes americanos e lhes deram tanques e jipes capturados. Com esse disfarce, facilmente se infiltraram nas linhas do exército americano. Os alemães disfarçados misturaram-se com as tropas americanas, e se dedicaram a sabotar os meios de transporte, desativando veículos, cortando linhas de comunicação e causando uma confusão generalizada. Uma de suas unidades avançou até as margens do rio Meuse, assegurou a ponte e se preparou para receber suas forças principais. Com a discreta atividade dessas tropas especiais, a linha de comando do exército americano foi temporariamente colocada em uma enorme confusão.

No final, o avanço das principais forças germânicas foi colocado em cheque, e as atividades por trás das linhas que aqueles homens se esforçaram tanto para alcançar resultaram em nada. A ação de Hitler falhou, mas, apesar disso, foi um exemplo clássico de "Agite a água e pegue o peixe".

NOTA

1. Do 17º hexagrama, *Sui*, do *I Ching*, ou *O livro das mutações*. Na imagem, lê-se: "Trovão no meio do Lago significa *Seguir*. *O Cavalheiro encara a noite e descansa com facilidade*".

   No comentário: "*Seguir* o forte (*yang*) vai e vem com o fraco (*yin*). *Seguir* se move com pressão. Há uma grande penetração e verdade, e nenhuma culpa. Todos sob o Céu seguem o momento. O momento de *Seguir* é, sem dúvida, significativo".

Estratégia 21

A CIGARRA DOURADA TIRA SUA CASCA

Se você preservar a forma
e mantiver a postura,
seus aliados não terão dúvidas
e seus inimigos não se moverão.
Ocorre que "parar" significa,
"Da estagnação vem as novidades."[1]

Mantenha a posição da formação de seu acampamento e, até o final, não facilite sua posição. Dessa forma, seus aliados permanecerão inabaláveis e seus inimigos não avançarão nem atacarão. Enquanto sustenta sua posição, mova secretamente sua força principal.

"A cigarra dourada tira sua casca" é uma estratégia na qual você faz um movimento dando a impressão de permanecer estático. Esta estratégia é altamente eficiente se for preciso se retirar em face de uma grande força inimiga. Se estiver impossibilitado de continuar a luta e acreditar que, quanto mais resistir, maiores serão os danos, então o melhor plano é aquele que implique uma retirada temporária. Entretanto, é possível que uma retirada descuidada permita que seu inimigo o cace, destruindo rapidamente suas forças. A fim de se proteger durante a retirada, é sábio passar a aparência de imobilidade enquanto se movimenta. Isso manterá o inimigo em sua posição e dará a você tempo para que a retirada seja completada sem incidentes. Dê sustentação à casca enquanto esvazia o centro – esta é a estratégia de "A cigarra dourada tira sua casca".

É importante notar que esta estratégia não é simplesmente uma retirada, ela também é efetiva quando você quer se mover sem que o inimigo perceba.

A fuga apertada de Liu Pang

Liu Pang desafiou Hsiang Yu pela hegemonia, mas, antes disso, já depara com uma série de crises. Um exemplo foi quando se viu cercado em Ying Yang. Liu Pang não apenas estava completamente cercado pelo exército de Hsiang Yu, mas também tinha ficado sem provisões e se debatia em circunstâncias desesperadoras. Mesmo o engenhoso Liu Pang não conseguia ver uma saída.

Àquela altura, um general chamado Chi Hsiu disse: "Se não nos movermos, não estaremos fazendo nada além de sentar e esperar pela nossa morte. Distrairei o inimigo e, enquanto faço isso, você deve aproveitar a oportunidade para fugir", e apresentou seu plano para Liu Pang.

Naquela noite, Chi Hsiu vestiu 2 mil mulheres com armaduras e capacetes e partiu em direção ao portão leste. Acreditando que aquilo era um repentino contra-ataque, o exército de Hsiang Yu se reuniu na frente do portão e se preparou para avançar.

A seguir, Chi Hsiu entrou no carro de guerra de Liu Pang, rumou na direção do portão leste e gritou: "Nossas provisões acabaram! Nós nos rendemos!". Os generais e soldados inimigos, aceitando o engodo, e certos de que aquela era uma rendição genuína, animaram-se e baixaram a guarda. Com aquela abertura, Liu Pang e seus homens a cavalo escaparam pelo portão oeste.

Quando os generais capturaram Chi Hsiu no carro de guerra de seu mestre, levaram-no à presença de Hsiang Yu, que perguntou: "Onde está Liu Pang?".

"A esta altura ele já deve ter partido", foi a resposta.

Em uma onda de raiva, Hsiang Yu mandou queimar Chi Hsiu vivo, mas este sacrifício e o engenhoso uso de "A cigarra dourada tira sua casca" permitiram que Liu Pang escapasse ileso.

A magistral retirada do exército de Sung

Durante o período Sung, seu exército interceptou as forças superiores de Chin, mas julgou que, caso se envolvessem em um confronto direto, não teriam chance de vitória. Assim, decidiram se retirar, ainda que estivessem dolorosamente cientes de que, ao agir assim, poderiam atrair o inimigo ao seu encalço.

Sung encontrou uma inteligente solução para esse dilema. Seus homens deixaram suas bandeiras hasteadas no acampamento, suspenderam e prenderam várias ovelhas com cordas, e, abaixo delas, perto dos cascos, colocaram grandes tambores. Quando as ovelhas lutavam contra as cordas, seus cascos batiam contra os tambores e faziam um enorme barulho. Ao escutar aquela confusão de sons, o exército de Chin acreditou que as forças de Sung estavam se mobilizando para defender sua posição, e começaram os preparativos nos dias que se seguiram. Eles marcharam com força total na direção do acampamento de Sung, mas, quando lá chegaram, não encontraram nada além de uma casca vazia. Quando Chin percebeu que haviam sido enganados, o exército de Sung já estava longe demais para ser alcançado.

A oportuna evacuação de Kiska

Na última etapa da Guerra do Pacífico, o Japão estava começando a perceber sua derrota. As batalhas ferozes com o exército americano nas ilhas do pacífico cobravam seu preço, e suas forças estavam sendo aniquiladas uma após outra. Uma das batalhas mais significativas foi a luta até a morte na ilha Attu, na corrente Aleutian, travada em março de 1943. Os 2.576 homens e oficiais sob o comando de Yamazaki Osa assumiram uma posição heroica contra o grupo de desembarque, constiuído por 11 mil tropas americanas, mas o final trágico foi inevitável.

Na hora do ataque americano, o exército japonês também ocupava Kiska, outra ilha na corrente Aleutian. Se Attu caísse, Kiska seria a próxima. Esta ilha tinha um pequeno valor estratégico, por isso o Quinto Pelotão japonês foi enviado para lá, a fim de ajudar na evacuação imediata dos 5.639 soldados que lá estavam. Infelizmente, a evacuação deveria ocorrer bem debaixo do nariz das forças navais e aéreas americanas.

Os soldados do Quinto Pelotão queriam evacuar a ilha sem alertar os americanos, mas foram frustrados por uma névoa espessa, e falharam duas vezes. Na terceira vez, contudo, encontraram uma fase de bom tempo e conseguiram entrar no porto. Um golpe de sorte maior veio quando os navios americanos partiram inesperadamente para reabastecer. Abençoados com dois golpes de boa sorte, a guarnição de Kiska foi resgatada, até o último homem, sem incidentes.

Os americanos, entretanto, acreditavam que os japoneses ainda ocupavam a ilha, e a ilusão se manteve. Duas semanas mais tarde, uma força americana de 35 mil homens a invadiu com uma estratégia de abordagem decisiva. Eles pousaram no meio de uma neblina, e, na crença absoluta de que o exército japonês ainda ocupava o lugar, se envolveram em um feroz tiroteio com suas próprias forças, confundindo-as com o inimigo. Esse erro fatal nasceu, em parte, por causa do medo que tinham dos japoneses, e em parte por causa da confusão geral causada pelas condições extremas do tempo. Desnecessário dizer que esse trágico incidente de troca de fogo amigo resultou em um grande número de mortes e casualidades.

No final, o que os soldados descobriram no meio da carnificina foram barracas vazias e três filhotes de cachorro solitários.

NOTA

1. Do 18º hexagrama, *Ku*, do *I Ching*. No comentário está escrito:

    Da estagnação vem as novidades é o forte (*yang*) acima e o fraco (*yin*) abaixo. Segue-se que parar significa: "Da estagnação vem as novidades". *Da estagnação vem as novidades penetra* todos os lugares e administra tudo abaixo dos Céus. "É benéfico cruzar um grande rio" significa que uma pessoa que avança encontrará coisas a serem feitas. Três dias antes da mobilização, três dias depois da mobilização. Se existe um fim, terá havido um início. Este é o intento do Céu.

Estratégia 22

BLOQUEIE A PORTA E AGARRE O LADRÃO

Intimide um inimigo pequeno.
Divida-o;
não há necessidade de persegui-lo.¹

Você pode cercar e aniquilar um inimigo menor e mais fraco. Mas um inimigo perseguido pode resistir e lutar desesperadamente até o fim. Por isso, você deve evitar insistir nessa perseguição por tempo demais.

"Bloqueie a porta e agarre o ladrão" é uma estratégia na qual você destrói um inimigo que havia cercado. Ela também pode ser descrita como "apanhe uma carga maior com uma única rede lançada". Esta estratégia é exatamente o oposto daquela já apresentada: "Se você o cobiça, deixe-o em paz". A Estratégia 16 é indireta, enquanto a 22 requer um confronto, e é direta.

Há duas situações nas quais a presente estratégia pode ser posta em uso:

- Quando o inimigo é fraco ou pouco numeroso – esta estratégia não deve ser usada contra um oponente poderoso ou bem preparado para a luta, porque, neste caso, falhará.
- O inimigo, caso escape, tem potencial para lhe fazer mal no futuro – em uma situação assim, você deve destruí-lo completamente.

Quando cercar um inimigo mais fraco, você pode escolher uma de duas opções: esmagá-lo completamente, ou permitir que escape temporariamente, à maneira de "Se você o cobiça, deixe-o em paz". É imperativo que, ao selecionar uma estratégia, você leve em consideração as condições específicas do caso que tem diante de si. Cada caso é um caso. Contudo, esteja certo de aplicar a estratégia "Bloqueie a porta e agarre o ladrão" somente quando o rato estiver sem forças para lutar e, portanto, não conseguirá morder o gato.

O seguinte trecho está anotado entre as estratégias marciais de Wu Tzu:[2]

> Considere um único e desesperado ladrão que correu para um campo aberto. Mesmo se mil perseguidores forem enviados atrás dele, serão esses perseguidores que tremerão de medo. O motivo é que o ladrão encurralado pode aparecer de repente e começar um ataque. Dessa forma, se até mesmo um solitário ladrão estiver disposto a abrir mão de sua vida, ele pode fazer com que mil homens tremam.

Para aplicar esta estratégia sem perigo, você deve sufocar a vontade de seu oponente preparar um contra-ataque desesperado. Ele precisa pensar que a resistência é inútil, independente do que aconteça.

Pai Ch'i corta o mal pela raiz

No caso de "Se você o cobiça, deixe-o em paz", você julga que não há mal algum deixar seu oponente escapar temporariamente, e, de fato, isso permitirá que exista um menor derramamento de sangue do seu lado para assegurar a vitória. Por outro lado, a estratégia "Bloqueie a porta e agarre o ladrão" deve ser aplicada quando estiver claro que permitir que seu inimigo fuja se transformará em um passivo a ser administrado. Neste caso, não hesite; golpeie-o firme e elimine-o.

A Batalha de Chang P'ing – tida como a contenda decisiva do período dos Estados Combatentes – foi a primeira na qual esta estratégia foi aplicada.

No ano 260 a.C., Pai Ch'i liderou os 500 mil mais fortes do exército de Ch'in contra os 400 mil mais fortes de Chao, liderados por Chao Kua. Os dois exércitos se encontraram em Chang P'ing. No começo, Pai Ch'i fingiu fugir, e incitou o exército de Chao a segui-lo. Então, habilidosamente interceptou sua rota de suprimentos. O resultado foi que o exército de Chao se dividiu, e logo ficou sem provisões.

Chao Kua, sabendo que não teria escapatória, liderou uma última e desesperada investida em uma batalha derradeira. O exército de Ch'in abateu suas tropas, e o próprio Kua foi morto. Os milhares de soldados remanescentes perderam a vontade de lutar e se renderam.

Depois da batalha, Pai Ch'i deliberou sobre o problema dos soldados capturados de Chao:

"Tempos atrás, quando capturamos Shang Tang, seu povo estava relutante em se subordinar ao nosso Estado, e fugiu para Chao. Agora, apesar de eles serem soldados de Chao, nunca saberemos quando poderão nos trair. Nós temos que cortar esse futuro mal pela raiz; não podemos fazer nada além de matar todos eles."

Assim dizendo, ele fez com que todos fossem queimados vivos. Entre os seguidores de Chao capturados, somente 240 crianças foram perdoadas, permitindo-lhes que voltassem para casa. Em um único e devastador golpe, Pai Ch'i eliminou a porção dos homens jovens e hábeis de Chao e, portanto, precipitou o rápido declínio da força do seu Estado.

O estúpido e fatal erro de Fu Ch'a

Um ataque decisivo e sem hesitação é a chave para o sucesso da estratégia "Bloqueie a porta e agarre o ladrão". A seguir, um exemplo de como suas falhas, ainda que pequenas, são um convite para sua própria queda.

Durante o período entre a primavera e o outono, Chu Chien, o governador de Yueh, atacou Fu Ch'a, o governador de Wu. Quando se envolveram em uma batalha na região de Fu Chiao, Fu Ch'a obteve uma grande vitória. Sofrendo com a derrota, Chu Chien organizou 5 mil de seus soldados restantes e empreendeu uma última resistência no Monte Hui Chi. Contudo, a área foi completamente cercada pelos soldados de Wu, sem qualquer possibilidade de fuga. Sem outro recurso, Chu Chien despachou seu vassalo-chefe, Wen Chung, para suplicar pela paz, mas Fu Ch'a negou-se a atender à súplica. Chu Chien, endurecido por aquela resolução, preparou-se para uma última batalha, mesmo sabedor das chances contra si e da pouca expectativa de sucesso.

Foi nessa hora de grande desespero que Wen Chung disse:

"Não devemos ser tão apressados. O vassalo-chefe de Wu, Pai Pu, é um homem extremamente ganancioso; se o subornarmos, ele pode ser capaz de convencer seu senhor a não nos atacar. Vamos montar um plano em segredo."

Assim resolvido, Chu Chien despachou Wen Chung mais uma vez, enviando com ele uma bela mulher e tesouros para entregar a Pai Pu. O homem ficou extasiado, e rapidamente marcou uma entrevista com Fu Ch'a.

Fu Ch'a foi seduzido pela intervenção de seu vassalo e mudou de ideia; mas, assim que estava para aceitar um tratado de paz, um homem chamado Wu Tzu-hsu se aproximou e colocou-lhe uma objeção:

"Se você não der o golpe final agora, certamente virá o dia em que se arrependerá dessa decisão. Chu Chien é um sábio governante, e, mais, entre seus vassalos há alguns homens notáveis. Deixando-os viver, você inevitavelmente trará problemas para seu Estado."

Mas Fu Ch'a dispensou a opinião de Wu Tzu-hsu, concordou com o tratado de paz e retirou seu exército. Escapando da morte, Chu Chien encenou servir como vassalo a Fu Ch'a. Enquanto isso, curou suas feridas e planejou sua vingança. Vinte anos depois, Chu Chien se levantou novamente e por fim destruiu Fu Ch'a, vingando-se de Fu Chiao.

NOTAS

1. Do 23º hexagrama, *Po*, do *I Ching*, ou *O livro das mutações*. No Julgamento, lê-se: "*Dividindo-o; não há vantagem na perseguição.*"

   No comentário:

   Dividir é rasgar. O fraco (*yin*) muda o forte (*yang*). Que não há benefício em ter algum lugar para ir significa que homens de pouco caráter podem ser influentes. Siga a ordem e chegue a uma parada. Contemple a imagem (uma Montanha [desintegrando?] sobre a Terra). O Cavalheiro respeita o ciclo de diminuição e aumento, de crescente e minguante, porque é assim que o Céu procede.

2. *Wu Tzu*. Um clássico chinês sobre guerrilha contendo seis estratégias, escrito por Wu Ch'i (381 a.C.). Citado amplamente na tradução de Lionel Gates de *A Arte da Guerra*, de Sun Tzu.

Estratégia 23

Seja amigo dos que estão longe e ataque os que estão perto

Quando as circunstâncias
forem proibitivas
e as forças estiverem com
propósitos cruzados,
beneficie-se tomando o que está perto de si,
e mantenha o prejuízo longe.
Dispare sobre a coligação.[1]

Quando você chegou a um beco sem saída em todas as frentes de batalha, é vantajoso atacar um inimigo que esteja próximo de si. Você não deve pular um inimigo próximo e atacar um que esteja distante. As metas políticas de um inimigo distante podem ser diferentes, mas você pode formar alianças temporariamente e cumprir sua tarefa.

"Seja amigo dos que estão longe e ataque os que estão perto" é, conforme sugere a frase, uma estratégia para se formar alianças com Estados distantes enquanto ataca inimigos que estejam próximos. Se você encarar um número de Estados que estiverem resistindo ou confrontando-o, a escolha de quem enfrentar e com quem se aliar pode fazer a diferença entre a vitória e a derrota. Em uma ocasião assim, seguir esta estratégia pode ser altamente eficiente. Os livros chineses sobre estratégia militar – incluindo *A arte da guerra* – alertam contra a tolice de enviar um exército para uma localização distante. Isso porque um movimento assim aumenta seus custos, afasta uma parte de suas forças dos seus inimigos mais próximos, e tem poucas vantagens. Uma abordagem oposta permite que você amplie sua esfera de influência, esforce-se menos e obtenha resultados mais rapidamente.

Como o Primeiro Imperador uniu o Império

O Primeiro Imperador de Ch'in usou esta estratégia para derrotar os seis Estados que se opunham a ele e, assim, foi capaz de unificar o império. Esta história começa com o governador de Chao, três gerações antes do Primeiro Imperador. Naquela época, Chao considerava a possibilidade de ignorar os dois Estados próximos, Han e Wei, e atacar o distante Ch'i. Quando um homem chamado Fan Sui soube disso, adiantou-se e expôs a política de "Seja amigo dos que estão longe e ataque os que estão perto", dizendo:

"Antigamente, durante a época do governador Ming, Ch'i atacou o Estado de Ch'u, que fica ao sul, derrotou seu exército com um ataque sem perdão e estendeu seu território por mil léguas em todas as direções. Mas, no final, Ch'i foi forçado a abrir mão de todo o território que havia obtido a duras penas. Isso aconteceu porque, enquanto ela atracava a distante Ch'u, permitiu que os Estados próximos de Han e Wei desenvolvessem suas habilidades guerreiras, o que o obrigou a se retirar de Ch'u e ir se defender de seus vizinhos.

"Certamente, por este exemplo, sua majestade pode ver que será muito melhor aliar-se a Estados distantes e atacar os que estão próximos. Cada polegada que sua majestade obtém é mais uma polegada, uma extensão do território que o senhor já governa. Cada pé é mais um pé. Ignorar este fato e atacar a distante Ch'i seria um grave erro."

No final, Chao aceitou o conselho de Fan Sui como política de Estado e se preparou para governar o leste. Tempos depois, o Primeiro Imperador destruiu Han e conquistou os Estados próximos, um após o outro: Chao, Wei, Ch'u e Yen. E, finalmente, destruiu Ch'i e obteve a unificação do Império.

Estratégia diplomática em tempos modernos

"Seja amigo dos que estão longe e ataque os que estão perto" também é empregada como uma estratégia diplomática moderna. O Vietnã, por exemplo, aliou-se à União Soviética ideológica e militarmente, e dela recebeu auxílio. O plano por trás disso, desnecessário dizer, era a dominação da península indo-chinesa, enquanto resistia a uma pressão pesada da China. O fato de os soviéticos terem dado auxílio para o distante Vietnã se tornou um poderoso impedimento para a China, que fazia fronteira com o Vietnã.

A China, por sua vez, buscou aliados distantes. Para conseguir exercer pressão sobre o Vietnã, começou a dar apoio ao Camboja, e para colocar a União Soviética em cheque, dispôs-se até a se aliar aos Estados Unidos.

Cuba, de Fidel Castro, aliou-se à União Soviética para poder resistir à influência americana. A União Soviética, por sua vez, não tinha escrúpulos em apoiar Cuba para se opor aos Estados Unidos.

É claro que, na diplomacia, a abordagem oposta também é empregada. Aliar-se a um país vizinho para confrontar um país distante e poderoso tem sido uma abordagem comum há séculos.

NOTA

1. Do 38º hexagrama, *K'uei*, do *I Ching*, ou *O livro das mutações*. No comentário, lê-se: "Céu e Terra se *opõem*, mas as realizações de ambos são as mesmas; homens e mulheres se *opõem*, mas suas emoções são entendidas mutuamente. As Dez Mil Coisas se *opõem*, mas seus assuntos são todos relacionados". Na imagem, consta: "*Fogo acima, Lago abaixo*. Dessa forma o Cavalheiro sabe as suas similaridades e diferenças".

Estratégia 24

Pegue uma estrada emprestada e ataque Kuo

Se um país está
entre dois maiores,
e o inimigo tentar subordiná-lo
por meio de ameaças,
use a força de forma provisória
(para proteger o país menor).
Se você apenas falar,
não será ouvido.[1]

Se um país pequeno e mais fraco for espremido entre o seu e aquele do seu inimigo, e este mostrar sinais de hostilidade militar em relação ao país pequeno, então você deve preparar suas forças e partir em auxílio do país pequeno, e, mais tarde, poderá trazê-lo para seu controle. Se você fizer promessas verbais, mas não cumpri-las por meio de auxílios, será incapaz de ganhar a confiança deles.

"Pegue uma estrada emprestada e ataque Kuo" é uma estratégia pela qual você leva vantagem sobre a distração de um país pequeno e o conquista sob o pretexto de ajudá-lo. Contudo, ao mobilizar seu exército, você deve justificar suas ações. A melhor oportunidade para aplicar esta estratégia é quando um partido menor é atacado, ou está na iminência de sê-lo, por um partido maior. Em uma ocasião assim, você deve rapidamente enviar tropas para ajudar e, portanto, aumentar sua esfera de influência. Espere pacientemente pelo momento certo e por fim conquiste o partido mais fraco. Sob o disfarce de altruísmo ostensivo, esta estratégia o ajuda a aumentar seu âmbito de atuação, enquanto, ao mesmo tempo, evita a crítica externa.

Quebrando as rodas de uma carroça

"Pegue uma estrada emprestada e ataque Kuo" foi tirada de um evento narrado no *Han Fei Tzu*, um livro do famoso filósofo legalista de mesmo nome.

Durante o período entre a primavera e o outono, havia um grande Estado chamado Chin. Próximos ficavam os dois pequenos Estados de Yu e Kuo.

O duque Hsien, governador de Chin, queria atacar o Estado de Kuo. Escutando isso, um de seus vassalos, Hsun Hsi, sugeriu o seguinte plano: "Ofereça o vaso de Ch'ui-chi e os cavalos de Ch'u como presentes, e peça que Yu garanta a sua passagem pela estrada deles que leva a Kuo. Com a tentação de tais tesouros, com certeza eles concordarão".

"Ambos são tesouros valiosos", respondeu o duque. "O vaso de Ch'ui-chi é feito de jade, e tem sido passado de mão em mão por príncipes há gerações, e os cavalos de Ch'u estão entre minhas mais queridas possessões; cavalos rápidos pelos quais eu não apostaria nada! O que faremos se Yu aceitar os presentes, mas não nos emprestar a estrada?"

"Não existe esse perigo. Se eles não quiserem nos dar passagem, não aceitarão os presentes", Hsun Hsi respondeu. "Se aceitarem os presentes e nos derem passagem, os presentes serão seus de qualquer maneira. Encare a situação da seguinte forma: será o mesmo que transferir o vaso de jade do cofre interno para o externo. Quanto aos cavalos, será o mesmo que prendê-los no estábulo externo, em vez de no interno. Isso não deve lhe trazer preocupação alguma."

Concordando com o plano, o duque Hsien enviou Hsun Hsi como mensageiro. Hsi presenteou o duque de Yu com o vaso de jade e os cavalos, e lhe pediu que lhes desse passagem. O duque de Yu perdeu o fôlego com a visão de presentes tão nobres, e aceitou o pedido.

Ao ver aquilo, Kung Chih-chi, um vassalo do duque de Yu, o admoestou: "Você não pode aceitar esse pedido. Nosso país e Kuo são duas rodas de uma mesma carroça, unidas por um eixo. Enquanto as rodas estiverem unidas a carroça rodará. A carroça depende das rodas, e as rodas rolam porque estão juntas. Da mesma maneira, Yu e Kuo dependem um do outro. Se o senhor der passagem a Chin, no mesmo dia em que Kuo cair, Yu cairá. Seria sábio rejeitar esse pedido".

O duque de Yu considerou o conselho, mas, no final, optou por descartá-lo.

Viajando por Yu, Hsun Hsi atacou Kuo e voltou para casa, mas, três anos depois, novamente montou um exército, atacou Yu e o destruiu. Hsun Hsi reuniu os cavalos e a bacia de jade e os deu para o duque Hsien.

"Os presentes nunca saíram verdadeiramente de suas posses, senhor, mas viu como os cavalos cresceram? Eles estão agora até mais forte do que quando você os ofereceu!"

Ao ouvir aquilo, o duque Hsien ficou extasiado. A estratégia "Pegue uma estrada emprestada e ataque Kuo", recomendada por seu vassalo, havia sido um tremendo sucesso.

O despacho de tropas soviéticas para a Checoslováquia

Em 1968, a União Soviética distribuiu tropas pela Checoslováquia, que estava buscando sua independência, e, num piscar de olhos, um réquiem foi rezado pela Primavera de Praga, o termo para o curto período de liberação política da Checoslováquia.

Tudo começou quando os soviéticos encenaram um exercício militar combinado na área de floresta da Bohemia, dentro do território checo. Unidades de cinco países que compunham a União Soviética tomaram parte no exercício, incluindo as da Alemanha Oriental, Polônia e Hungria.

Três meses depois, os soviéticos, junto a uma vanguarda que consistia das unidades que haviam tomado parte no exercício, invadiram a Checoslováquia usando uma rota através da região da Bohemia.

Bohemia foi a primeira "estrada emprestada", e o Aeroporto Internacional de Praga, o segundo. Em seguida, um avião de transporte soviético entrou no espaço aéreo, enviou um falso pedido de socorro, alegando problemas no motor, e pediu permissão para um pouso de emergência. Assim que o pouso aconteceu, uma vanguarda de 70 homens armados pulou do avião e, num instante, tomou o controle do aeroporto. Eles ordenaram aos funcionários que parassem com suas tarefas e abrissem caminho para a chegada de tropas, assegurando assim uma rápida invasão.

Como o azarado pode sobreviver

"Pegue uma estrada emprestada e ataque Kuo" permite que o forte conquiste o fraco, e – sendo todas as coisas iguais – isso não deve ser algo difícil, desde que haja vontade para continuar. O sucesso está em manter a aparência de uma causa justa.

De forma inversa, uma pessoa, ou um país, em uma posição fraca, achará esta estratégia difícil de ser aplicada. Para evitar que você se torne uma vítima desta estratégia, as seguintes condições precisam ser estabelecidas:

- Sua organização interna precisa estar de comum acordo. Discordâncias internas e divisões dão a um oponente forte uma abertura da qual ele pode tirar vantagem.
- Evite provocações. Tal comportamento, quando presente, e se aceito, dará ao forte vontade de agir.
- Seja perspicaz com relação à força. Palavras e ações inapropriadas somente atrairão o ódio e a raiva do mais forte.
- Vista sua intenção com termos diplomáticos. Para uma resolução de litígios, normalmente se recorre a uma extensa diplomacia.

NOTA

1. Do 47º hexagrama, *K'un*, do *I Ching*, ou *O livro das mutações*. No Julgamento, lê-se: "*Dilema*. Entendimento penetrante. Correção; o homem maduro tem boa fortuna sem culpa. *Quando há palavras, elas não serão acreditadas*". No comentário:

    Dilema; o forte (*yang*) está coberto. Diante de uma estrada escarpada, seja alegre. Somente o Cavalheiro não perde seu penetrante entendimento quando em uma situação dolorosa. "Correção; o homem maduro tem boa fortuna" significa que ele é firme e atinge seu alvo. "*Quando há palavras, elas não serão acreditadas*" significa que respeito em demasia pelo que é dito traz desastres.

Parte V

ESTRATÉGIAS PARA BATALHAS UNIFICADAS

Quando países se unificam e lutam, um não deve confiar em demasia nos novos parceiros somente porque são aliados. Você deve manter sua liderança firmemente e manifestar um comando forte. Nunca mostre uma abertura, seja para um aliado, seja para um inimigo.

Estratégia 25

Roube as vigas e substitua os pilares

*Force seu inimigo
a mudar a formação com frequência;
remova suas tropas mais fortes,
espere que ele se autodestrua,
e então tire vantagem disso.
Freie as rodas.*[1]

Enerve seu oponente de modo que ele precise mudar com frequência sua formação de batalha e mover sua força principal; então, tire vantagem de sua autodestruição. Se você frear as rodas, poderá controlar melhor a direção do veículo.

"Roube as vigas e substitua os pilares" é uma estratégia na qual você suga completamente a força do seu oponente. Vigas e pilares suportam a estrutura de uma casa. Se você retirá-los, a forma permanece no lugar, mas o interior, ou a substância, será enfraquecido. Do mesmo modo, se você puder alterar a estrutura das forças do seu oponente, sua habilidade de lutar será diminuída, e ele perderá a vontade para resistir.

Esta estratégia pode ser usada contra inimigos e aliados da mesma forma. É preciso dizer que, quando usada contra um aliado, esta estratégia ocorre para manipular o outro partido de acordo com a sua vontade.

A estratégia do Primeiro Imperador

O Primeiro Imperador de Ch'in nocauteava Estados opositores como dominós usando a Estratégia 23: "Seja amigo dos que estão longe e ataque os que estão perto". No ano 221 a.C., ele destruiu o último Estado remanescente, Chi, completando finalmente a unificação do império. Durante essa campanha, o Primeiro Imperador usou a subjugação pela força armada combinada com uma série de estratégias, que incluíam táticas para enfraquecer a força militar e o desejo de lutar de seus oponentes. Ele empregou "Roube as vigas e substitua os pilares" contra o Estado de Chi.

Naquela época, um homem que atendia pelo nome de Hou Sheng foi nomeado primeiro-ministro de Chi e consolidou o poder administrativo do Estado. Determinado a não permitir que sua própria hegemonia fosse comprometida, o Primeiro Imperador mirou seus esforços em Hou Sheng. Enviou-lhe um grande número de artigos feitos de ouro, até que conseguiu finalmente suborná-lo. Hou Sheng então concordou com os pedidos do Primeiro Imperador para que enviasse seus próprios seguidores e subordinados para Ch'in, a fim de aprenderem mais ostensivamente sobre a situação vigente lá. O povo do Primeiro Imperador cultivou a confiança desses visitantes, recompensou-os com muitos artigos de ouro, e os enviou de volta a Chi como oficiais da Inteligência. De acordo com os desejos de Ch'in, esses homens voltaram para casa, louvando entusiasticamente a grandeza do país, e encorajaram unanimemente o governador de Chi a cessar seus preparativos para a guerra.

Mais tarde, quando o exército de Ch'in se precipitou sobre Lin Tzu, a capital de Chi, conta-se que absolutamente ninguém resistiu. O Estado inteiro havia sido subjugado, sem derramamento de sangue, pelas atividades dos agentes da Inteligência.

A invasão da União Soviética ao Afeganistão

Por muitos anos os estrategistas estrangeiros da União Soviética buscaram com muito afinco uma rota para o oceano Índico, e, com esse fim, pode-se dizer que os soviéticos se prepararam para a invasão do Afeganistão desde os anos de 1950. Para atrair os membros do alto escalão da sociedade afegã, os soviéticos enviaram por volta de 6 mil conselheiros e especialistas em assuntos militares e governamentais para ajudá-los. Ao mesmo tempo, suprimiram ou excluíram facções dissidentes e pediram urgência para a nomeação de agentes amigáveis à União Soviética.

O resultado foi que, com o tempo, as importantes agências militares e governamentais do Afeganistão estavam quase todas dominadas pelos agentes amigáveis à União Soviética – vigas hostis foram substituídas por pilares amigos. Quando os soviéticos finalmente invadiram, o movimento inicial foi facilmente alcançado.

NOTA

1 Do 64º hexagrama, *Wei Chi*, do *I Ching*, ou *O livro das mutações*. Na Imagem, lê-se: "Fogo sobre Água significa *Antes da Conclusão*. O Cavalheiro está circunspecto, diferencia as coisas e as mantém em seus (próprios) lugares". Na segunda linha: "Freie as rodas. Correção trará boa sorte".

Estratégia 26

Aponte para a amoreira e repreenda a árvore do pagode

O grande supera o pequeno
e lidera por meio da admoestação.
Haverá resposta à força;
aja com severidade e haverá ordem.[1]

Há ocasiões em que uma pessoa detentora de poder tem de ser severa com uma mais fraca para criar disciplina e submissão. Se o partido mais forte confronta o mais fraco com força e dominância, ele será capaz de fazer com que este se submeta; abordar as questões com uma atitude resoluta fará com que seu oponente seja obediente.

"Aponte para a amoreira e repreenda a árvore do pagode" é fundamentalmente um método pelo qual você quer criticar A (a árvore do pagode), mas hesita em encará-la diretamente, então censura B (a amoreira), criticando A indiretamente. Esta estratégia vem sendo utilizada com frequência desde os tempos antigos. Alguns anos atrás, por exemplo, houve um movimento conhecido como "Ataque Lin Piao, ataque Confúcio". Enquanto esse movimento criticava exteriormente Lin Piao e Confúcio, na verdade estava mirando suas críticas à política de Chou En-lai.

Esta estratégia também pode ser usada para trazer para perto de si um Estado amigável ou subordinado. Ou seja, em ocasiões nas quais não seria eficaz criticar um Estado amigo diretamente, ou um subordinado em demasia, "Aponte para a amoreira e repreenda a árvore do pagode" pode ser uma alternativa útil.

A organização impecável de Sze Ma Jang-chu

Durante o período entre a primavera e o outono, havia um general no Estado de Chi, chamado Sze Ma Jang-chu, que deixou para a posteridade o famoso livro *A arte de Sze Ma*, um dos *Sete livros sobre estratégia marcial*.[2] Quando Chi foi atacado pelo Estado de Yen, Jang-chu foi nomeado general, e suas tropas se prepararam para partir rumo ao *front*. Na ocasião, um favorito da corte, chamado Chuang Ku, foi apontado como inspetor do exército e periodicamente acompanhava as tropas. Contudo, no dia em que as tropas deveriam partir, Chuang Ku apareceu extremamente tarde.

"Que tipo de desculpa você tem para estar tão atrasado?", Jang-chu, furioso, exigiu uma resposta.

"Sinto muito!", o homem respondeu. "Os principais vassalos e meus parentes vieram me desejar boa sorte, e por isso me atrasei."

Ao ouvir aquilo, Jang-chu foi até a autoridade em lei marcial do seu exército e lhe perguntou: "De acordo com a lei marcial, que tipo de sentença é dada para uma pessoa que se atrasa para um compromisso tão importante?".

"Decapitação é apropriado", a autoridade respondeu.

Chuang Ku ficou apavorado. Após enviar um mensageiro para informar o governador de sua condição e pedir apoio, implorou por misericórdia.

Mas, antes que seu mensageiro pudesse retornar, Jang-chu o executou e anunciou a punição para o exército inteiro.

Conta-se que, em face desse incidente, a disciplina do exército melhorou muito e rapidamente.

Apesar de ser incerto por que Jang-chu fez de Chuang Ku tamanho exemplo, em termos de eficácia ele certamente atingiu uma rígida disciplina militar ao usar "Aponte para a amoreira e repreenda a árvore do pagode".

Contudo, uma pessoa não pode ganhar a mente de seus subordinados somente com disciplina e, durante a campanha, Jang-chu foi um líder exemplar. Ele ajudou em muitas tarefas que a maioria dos comandantes deixaria para seus subalternos, auxiliando-os em tudo, desde limpar os quartéis dos soldados até extrair água do poço e empilhar as panelas na cozinha e guardar as provisões. Comia as mesmas rações que o mais baixo soldado e nas mesmas quantidades. Até mesmo cuidava de soldados doentes. Dessa forma, provou que podia mostrar um lado mais amigo e gentil para seus homens.

Com seu modo humilde e rígido, Jang-chu construiu uma boa reputação. Após apenas três dias, quando chegou o momento da convocação, até o mais doente de seus soldados pediu para ir para o *front* e encarar a batalha com o espírito elevado.

Encontrando equilíbrio entre severidade e simpatia

Enquanto os japoneses possuem uma forte lealdade à ética em grupo, os chineses focam mais o individualismo. Um gerente chinês atribui grande importância à disciplina, ou seja, mostra aos seus subordinados uma postura severa. Mas não é possível ganhar o coração dos subordinados apenas com severidade. É necessário também ter *jin*, "coração humano", ou seja, demonstrar simpatia e compreensão. Sem exceção, pessoas que são tidas como generais sábios são aquelas que equilibram a severidade com a simpatia.

Como a ética grupal desempenha um importante papel na sociedade japonesa, os japoneses sentem uma aversão intensa pela confrontação, e se essa aversão se manifestar em irresponsabilidades dentro da organização, a gerência será obrigada a incluir uma dose corretiva de rigidez dentro dos procedimentos.

Soluções criativas foram encontradas para superar essa aversão ao confronto. Para estimular um time de beisebol profissional, por exemplo, o treinador japonês precisa, primeiro, obter o consentimento de um jogador em particular para fazer dele um exemplo deliberado ao selecioná-lo para ser repreendido, mesmo que a culpa seja mais de outros jogadores do grupo. O treinador selecionará um único bode expiatório para criticar indiretamente o time inteiro. Se aquele jogador for o capitão do time ou um veterano, este plano funcionará ainda melhor, e se tornará uma versão criativa de "Aponte para a amoreira e repreenda a árvore do pagode".

NOTAS

1. Do 7º hexagrama, *Shih*, do *I Ching*, ou *O livro das mutações*. No comentário, lê-se:

    Multidão é uma massa de pessoas. A Correção está em ser direto. Se você for direto ao liderar bem as pessoas, pode se tornar um governador. Firme e resoluto, você obtém uma resposta; *aja com severidade, e haverá ordem*. Assim, ainda que o mundo esteja sofrendo, as pessoas o seguirão. Boa fortuna. Como pode haver culpa?

2. *Sete livros sobre artes marciais* (ou *Estratégias marciais*). Eles são difíceis de identificar, mas na bibliografia da tradução de Giles de *A arte da guerra*, são relacionados oito dos "velhos tratados chineses da guerra"; os primeiros seis, somando-se *A arte da guerra*, eram prescritos para o treinamento militar durante a dinastia Sung. São os seguintes (as datas anotadas são questionáveis):

    a) *Wu Tzu*, de Wu Ch'i (381 a.C.).

    b) *Ssu-ma Fa*, possivelmente de Sze Ma jang-chu (século VI a.C.).

    c) *Liu T'ao*, de Lu Wang (século XII a.C.).

    d) *Wei Liao Tzu*, de Wei Liao (século IV a.C.).

    e) *San Lueh*, de Huang-shih Kung (século II a.C.).

    f) *Li Wei Kung Wen Tui* (autor e data desconhecidos).

Estratégia 27

Finja estupidez, não seja insensato

*Finja falta de conhecimento e não aja,
em vez de dissimular com conhecimento
emprestado e agir indiscriminadamente.
Esteja em paz e não manifeste sua
intenção. Nuvens e trovão indicam
nascimento (ou dificuldade no começo).*[1]

Em vez de tentar ser esperto e agir de forma descuidada e indiscriminada, é melhor parecer tolo deliberadamente, e frear sua ação. Ao esconder planos inteligentes em seu peito, não os manifeste para o exterior. Isso é exatamente como nuvens e trovões acumulando sua força e esperando pelo momento certo para libertar a tempestade.

"Finja estupidez, não seja insensato" é uma estratégia na qual você dá a impressão de ser um tanto tolo, o que desarma a vigilância de seu oponente. "Estupidez" significa "tolice", enquanto "ser insensato" significa "ser louco". Portanto, "não seja insensato" significa "ter um julgamento normal". Com base nessas nuances, "Finja estupidez, não seja insensato" não é nada além de uma estratégia na qual você se disfarça de tolo, uma tática usada com frequência por aqueles que estão em uma posição frágil ou desesperada. Se for bem executada e bem-sucedida, pode ser uma estratégia altamente benéfica, mas a chave para torná-la um sucesso depende da qualidade do desempenho da pessoa.

O desempenho excepcional de Sze Ma Chung-ta

Em *O romance dos três reinos*, Sze Ma Chung-ta, que era um digno oponente de Chu Ko K'ung-ming, tornou-se mais tarde um empregado valioso e estadista para o governador de Wei, a quem desempenhou um papel primordial.

Naquela época, a influência de Ts'ao Shuang, o descendente de uma ilustre família da corte, trazia vantagens; e Chung-ta, que tinha sido deixado de lado e não detinha nenhum poder real, alegando uma doença, trancou-se temporariamente em sua mansão. Apesar disso, manteve-se como estadista do governador de Wei.

Ts'ao Shuang e seu grupo estavam fazendo sua influência ser sentida, mas a existência de Chung-ta representava uma ameaça e, portanto, era intolerável. Ts'ao Shuang, então, enviou um subalterno como mensageiro para Chung-ta, instruindo-o a espioná-lo sob o pretexto de perguntar sobre sua saúde.

Quando o mensageiro foi levado ante a presença de Chung-ta, o que viu o surpreendeu. Duas jovens moças estavam em pé ao lado dele, ajudando-o no simples ato de se vestir. Quando suas roupas pareciam prestes a cair de seus ombros, elas rapidamente ajustavam seu roupão. Chung-ta apontava o dedo para a boca e murmurava incoerentemente "Ah... oo..." para as jovens, aparentemente pedindo algo para beber. Quando elas lhe ofereceram uma tigela cheia de mingau, ele tentou bebericar, mas derramou tudo sobre a barba. Ele estava totalmente incapaz para responder a qualquer questão.

O mensageiro retornou e relatou para Ts'ao Shuang: "O senhor Chuang-ta estava totalmente incoerente, incapaz até mesmo de beber mingau. Acho que logo será seu fim. O senhor não tem nada com que se preocupar".

Ts'ao Shuang ficou completamente à vontade, e não pensou mais em Chung-ta.

Um mês depois, Chung-ta deu andamento à sua vingança, capitalizando a negligência de Ts'ao Shuang ao executar um golpe de Estado, destruindo-o e a todo o resto da oposição, promovendo, assim, o retorno para seu trono de poder. Sua estratégia "Finja estupidez, não seja insensato" foi um sucesso retumbante.

Quando a charada falha

O governador da terceira geração da dinastia Ming foi o imperador Yung Luan. Quarto filho do fundador da dinastia, Chu Yuan-chang, era chamado de "o epítome da sabedoria e coragem" em sua juventude. Entre seus irmãos, gozava da reputação de ser o mais notável.

Reconhecido por suas habilidades do passado, Yung Luan recebeu rapidamente a posição de governador de Yen, situada em Pequim, e ordenou que os mongóis fossem vigiados. Pouco depois, Chu Yuan-chang morreu, na capital de Nanjing, e o imperador Chien Wen foi entronado como o segundo governador da geração. Este novo imperador era sobrinho de Yung Luan, de Yen.

Entretanto, desde o começo, o relacionamento entre a corte de Nanjing e o governador de Yen, em Pequim, carecia de harmonia, e logo se transformou em oposição. Yung Luan era o tio do imperador, o que criou ainda mais tensão nessa relação. Além disso, ele comandava uma força militar grande, estava situado em Pequim e era muito popular. Se o imperador deixasse as coisas como estavam, sabia que um dia Luan se tornaria uma ameaça para a corte em Nanjing. Portanto, era aconselhável que eliminasse seu tio e contivesse esse desastre em potencial antes que tomasse corpo. Como contramedida, o imperador enviou um servo de sua confiança e um alto oficial para consolidar sua vigilância em Pequim.

Para o governador de Yen, um movimento como esses de seu oponente não podia ser ignorado. A estratégia que escolheu para combater as ações do imperador está descrita em uma passagem de *A história de Ming*: "O próprio governador, ciente do perigo interno, fingiu loucura e doença". Em outras palavras, "Finja estupidez, não seja insensato".

Ele logo colocou a estratégia em funcionamento. Às vezes ganhava as ruas de Pequim, tirava comida e bebida das pessoas, gritava absurdos ao longo do caminho e agia como um lunático. Em outras ocasiões, acendia uma fogueira em um dia quente de verão e começava a tremer, murmurando: "Está frio, está frio".

Tudo ficará bem se seu oponente for logrado por sua *performance*, mas, se a charada for descoberta, as consequências podem ser desastrosas. No caso de Luan, seu fingimento não foi convincente, e a vigilância do imperador aumentou. O resultado foi que a rixa interna entre sobrinho e tio se transformou em uma batalha na qual sangue foi lavado com sangue.

Por mais sábio que fosse o homem que posteriormente viria a se tornar imperador, Yung Luan não foi astuto o suficiente para fazer desta estratégia um sucesso.

As moedas de bronze

Passar-se por louco requer um plano detalhado. Esse é o coração desta estratégia, e a seguinte história ilustra uma variação inteligente.

Esse evento ocorreu quando Ti Ch'ing embarcou em uma campanha para derrotar uma tribo não chinesa do sul. Naquela época, a prática da adivinhação era popular entre os chineses, e gozava de bastante influência.

Reconhecendo o poder da adivinhação, Ti Ch'ing decidiu explorá-la. Pegou cem moedas de bronze e disse, na frente de seus soldados: "Na batalha que está por vir, a vitória ou derrota é completamente imprevisível. Então, jogarei estas moedas para o alto, e se *todas* caírem com 'cara' virada para cima, significa que os deuses estão do nosso lado e venceremos com certeza".

Todos sabiam que as chances de algo assim acontecer eram tão baixas que somente uma intervenção divina podia torná-la realidade.

Um oficial que estava ao lado de Ti Ch'ing sussurrou: "Se não der cara, isso terá um efeito devastador no moral das tropas", e tentou dissuadi-lo, racionalizando aquele ato como uma tolice enorme.

Ti Ch'ing, contudo, não se deixou influenciar. Enquanto uma multidão de soldados olhava apreensiva, ele jogou todas as moedas de cobre para o alto. Quando elas caíram no chão, absolutamente todas estavam com a face "cara" voltada para cima. Ao ver aquilo, o exército inteiro, incluindo seus generais, ovacionou, com seus corações explodindo de alegria.

Ti Ch'ing recolheu as moedas de cobre do chão exatamente como estavam e as cobriu com um tecido, dizendo com voz de comando: "Se retornarmos em triunfo, daremos graças aos deuses". Suas tropas imediatamente se voltaram para a linha de batalha e aniquilaram os rebeldes.

Após o retorno triunfante, os oficiais encarregados inspecionaram as moedas coletadas, terminando por descobrir que cada moeda tinha "cara" nos dois lados. Por trás do pronunciamento aparentemente insano de seu líder, havia uma inteligente estratégia planejada.

NOTA

1. Do 3º hexagrama, *Chun*, do *I Ching*, ou *O livro das mutações*. Na Imagem, está escrito: *"Ventos e trovão indicam Nascimento. Portanto, o Cavalheiro traz ordem à Terra, e coloca as coisas em seus lugares"*. E no comentário lê-se: *"Nascimento; no começo o forte (yang) e o fraco (yin) se misturam, e o parto é difícil; movimento em meio ao perigo. O Grande penetrando na sabedoria e na correção; o movimento do trovão e da chuva traz preenchimento"*. "Nascimento" também pode ser entendido como "dificuldade para começar".

Estratégia 28

Mande-os para o telhado e remova a escada

Se envolver seu inimigo com mentiras,
instigue-o a avançar
e corte seu acesso à ajuda,
e você o deixará em uma situação fatal.
Ele encontrará veneno,
sua posição se esfacelará.[1]

Atraia um oponente, seduzindo-o deliberadamente com uma abertura, e separe-o das tropas que o seguem. Então, cerque-o e aniquile-o. O inimigo trará para si a própria queda, seguindo a isca que você lançou.

"Mande-os para o telhado e remova a escada" é uma estratégia na qual você envia seu oponente para uma posição que possa controlar e então o isola. Também pode ser usada para motivar suas próprias tropas. Como estratégia militar, pode seguir um dos dois seguintes padrões:

- Lance a isca que o inimigo provavelmente morderá, deixe que ele se apresse negligentemente, e o isole de quaisquer outras tropas ou colaboradores.
- Faça com que suas tropas fiquem de costas para um corpo de água, de forma que não exista possibilidade de se retirar, fortaleça a resolução delas ao mostrar que a vitória é o único caminho, e envie-as para a batalha com o moral elevado.

Em ambos os casos, esta é uma estratégia que precisa de uma resolução considerável para ser bem-sucedida. É essencial que exista um profundo discernimento para concluir os meticulosos preparativos.

Outra preocupação é o plano que você usará para aprisionar seu rival. Certifique-se de que ele é à prova de defeitos. Mesmo hoje, esta é uma estratégia válida.

Li Lin-fu elimina a ameaça política

Durante o período T'ang, havia um primeiro-ministro chamado Li Lin-fu que servia ao imperador Hsuan Tsung. Dizem que ele tinha "uma boca de mel, mas uma espada no estômago". Em outras palavras, Lin-fu era excelente em provocar intrigas. Entre seus inimigos políticos havia um homem chamado Yen T'ing-tze, que tinha sido rebaixado para servir nas províncias.

Certa vez, durante uma conversa com Lin-fu, o imperador repentinamente lembrou-se do talentoso Yen T'ing-tze e perguntou: "Havia um homem chamado Yen T'ing-tze, não havia? Ele era um bom companheiro, mas onde está agora?".

Após prometer pesquisar, Li Lin-fu se retirou e convocou o irmão mais jovem de T'ing-tze, arquitetando um plano que erradicaria qualquer ameaça posterior de seu rival.

"O imperador está ávido para encontrar seu irmão novamente. Penso que deveríamos trazê-lo de volta das províncias. O que você acha? Que tal lhe fazer um pedido, dizendo que certamente gostaria de retornar para a capital para se recuperar dos motivos que o levaram a ficar paralítico? Acredito que você deveria recomendar isso a seu irmão."

Yen T'ing-tze foi contatado pelo irmão e rapidamente endereçou uma carta para o trono, conforme Lin-fu havia sugerido, solicitando seu retorno para a capital.

O imperador consultou Lin-fu para saber do que tudo aquilo se tratava.

Lin-fu respondeu: "T'ing-tze está ficando velho e desenvolveu paralisia. Acho que seria melhor se o senhor o mandasse se aposentar e pedisse que se concentrasse em tomar conta de si próprio".

Dessa forma, Li Lin-fu eliminou com sucesso a ameaça política de seu rival, demonstrando um articulado uso político da estratégia "Mande-os para o telhado e remova a escada".

Quebre os fornos, afunde os barcos

Nas leis militares de *A arte da guerra*, a seguinte tática é mencionada como um meio para motivar seus soldados a lutarem:

> Uma vez que tenha dado uma missão aos seus soldados, corte qualquer rota de fuga, como se os tivesse enviado para o segundo andar de um prédio e removido a escada. Se você penetrou no território inimigo profundamente, deve avançar como uma flecha lançada de um arco. Para encorajar seus soldados a seguirem adiante, queime os barcos, quebre os potes da cozinha, e faça com que eles abandonem qualquer esperança de retornar vivos para casa.

Hsiang Yu estava entre aqueles generais que se tornaram especialistas nessa forma de lutar. Ele seguiu essa abordagem quando vinha em auxílio de seus aliados, em Chu Lu, que estavam cercados pelos exércitos de Ch'in. Conduziu seu exército inteiro para o *front;* então, assim que cruzaram o rio Amarelo, Hsiang Yu afundou os botes, destruiu os fornos para cozinhar, queimou as tendas e levou consigo provisões para três dias apenas. Tomando medidas tão extremas, ele buscou não deixar para os generais e soldados qualquer esperança de retorno. Encarando condições tão niilistas, os soldados não tinham outra opção a não ser lutar com uma resolução desesperada.

No final, os soldados de Hsiang Yu se apressaram para o lado de seu aliado, e cada homem lutou por dez. Todos lutaram com tamanha ferocidade, que ambos os inimigos e aliados mal conseguiam acompanhá-los e recuperar o fôlego.

Esta é a chamada estratégia de Hsiang Yu, "Quebre os fornos, afunde os barcos" e é, obviamente, uma aplicação prática de "Mande-os para o telhado e remova a escada".

K'ung-ming cortou as linhas de suprimentos

A estratégia desenvolvida por Hsiang Yu obtém um grande resultado quando se trata de uma batalha curta, mas torna-se menos eficiente em batalhas de longa duração.

O antigo exército japonês imperial empregava a mesma tática com frequência. Pode-se dizer que desde o início, entretanto, o exército japonês tinha tendência a subestimar a importância do fornecimento de comunicações. Além disso, não fazia distinção entre campanhas de curta e longa duração em muitas de suas estratégias de batalha. Empregar estratégias que constantemente ignoravam linhas de abastecimento na Guerra do Pacífico levou a tragédias como aquela em Imphal.[2]

A crucial distinção tática entre a duração das campanhas, assim como o papel vital das linhas de abastecimento, não foram menosprezados por Chu Ko K'ung-ming, conforme contado em *O romance dos três reinos*.

Quando Liu Pei morreu, K'ung-ming recebeu sua última bênção, executou uma série de campanhas de amplo alcance e desafiou seu rival, o Estado de Wei, para a batalha. Este embate, ele percebeu, seria uma luta difícil e longa. Os motivos para isso eram dois. Primeiro, Wei era um grande Estado que tinha bem mais recursos que o de K'ung-ming, Shu. Segundo, para atacar em território Wei era necessário atravessar uma cadeia de montanhas altas, chamada Ch'in Ling. Naturalmente, assegurar abastecimentos seria uma dificuldade extraordinária.

K'ung-ming tinha recursos para um exército e uma liderança estratégica, mas as dificuldades para construir uma linha de abastecimento sustentável ao longo de uma hostil cadeia de montanhas naqueles dias – mesmo para um homem engenhoso como ele – eram difíceis de ser superadas.

Sabendo que estava em desvantagem, K'ung-ming procedeu com cautela. Ele não tentou o impossível. Sempre que suas linhas de abastecimento eram rompidas, ordenava uma retirada temporária, recuperava as forças de suas tropas, e se preparava para a próxima batalha. Ele deixou de lado a estratégia "Mande-os para o telhado e remova a escada" e a substituiu por uma tática conhecida como "Faça uma ponte de pedra, depois cruze-a".[3]

K'ung-ming foi incapaz de atingir sua meta. Entretanto, também não foi derrotado. Para uma força fundamentalmente inferior como a dele, é possível dizer que o simples fato de ter sobrevivido e tido tamanho espírito guerreiro é, por si só, uma pequena vitória. Isso é mais do que pode ser dito do exército imperial japonês durante o começo da Guerra do Pacífico.

Remova a escada e comece um incêndio

Honda Performance and Research, um braço do grupo Honda Motor, é conhecida por ser uma companhia que desafia a si própria a criar novos produtos com apelo para as novas gerações. Fora isso, é conhecida também por encorajar os funcionários a serem criativos. Alguns anos atrás, a empresa desenvolveu o City, um "carro alto, mas curto", que rompeu a concepção do *design* de veículos vigente há tanto tempo. O homem que desenvolveu esse conceito era um dos mais jovens da equipe, cuja faixa etária média era de 27 anos. A gerência comprometeu-se a não interferir nesse jovem time de projetistas. Apesar disso, juntamente com a carta branca para criar, a equipe tinha de assumir uma série de responsabilidades pelo projeto.

Quando perguntada sobre sua abordagem, a gerência respondeu: "Quando dá trabalho para os pesquisadores, você normalmente é severo, mas às vezes afrouxa a corda. Ao fazer isso, há uma considerável explosão de novas ideias. É bom observar essas coisas cuidadosamente, e deixá-las se acumular. Isso deve ser feito ao acaso, contudo, em determinadas situações você deve se resignar. Leve-os ao segundo andar, e então retire a escada; depois disso, eles não podem fugir, mesmo que você diga que façam isso. Não é verdade que nossas ideias criativas florescem quando forçadas em circunstâncias extremas?".

Se você seguir a mesma linha de pensamento, então a teoria é válida, e certamente será capaz de extrair cem por cento do potencial dessa jovem geração. Existem aqueles, contudo, que criticam a forma de fazer as coisas da Honda Performance and Research, de "levá-los ao segundo andar, tirar a escada e começar um incêndio ao redor deles".

NOTAS

1. Do 21º hexagrama, *Shi Ho*, do *I Ching*, ou *O livro das mutações*. Na terceira linha, lê-se: "Mastigando carne seca, ele encontra veneno; leve arrependimento, mas nenhuma culpa". No comentário, na terceira linha, encontramos: "Encontrando veneno, sua posição desmorona".

2. A capital do Estado de Manipur, no nordeste da Índia. Foi aí que o plano do exército japonês para invadir a Índia foi frustrado por uma derrota desastrosa em julho de 1944. A derrota se deu, em parte, pela péssima estratégia do tenente-general Mutaguchi para a logística do transporte de rações.

3. Aja somente após ter olhado os mínimos detalhes. Exercite a precaução extrema. Usado, às vezes, com sarcasmo, como crítica à covardia.

Estratégia 29

FAÇA AS FLORES FLORESCEREM NAS ÁRVORES

Tire o que puder da situação,
e pavimente o caminho para sua influência;
mesmo que tenha pouca força,
sua influência será grande.
Aquele ganso selvagem gradualmente
progredirá ao longo da ampla estrada;
suas penas podem ser usadas
para as cerimônias.[1]

Se você fingir superioridade, pode demonstrar grande poder, mesmo que esteja equipado com uma pequena e fraca força militar. Olhe para os gansos selvagens que voam no céu. Eles não abrem suas asas e demonstram um espírito magnífico?

"Faça as flores florescerem nas árvores" é uma estratégia na qual você finge uma grande força militar. *A arte da guerra* defende uma retirada se a força for fraca. "Faça as flores florescerem nas árvores" afirma que o confronto deve ser evitado, mas também sugere que, em alguns casos, você pode fazer uma pose de superioridade militar e enganar seu inimigo para que ele se submeta. Mas, quer você se retire, quer finja força, o ponto principal permanece o mesmo: evite lutar por um período, e ganhe tempo.

A estratégia do forno do Exército da Oitava Rota

Na Estratégia 15, "Pacifique o tigre e afaste-o da montanha", demos um exemplo no qual um exército mais fraco aumentou o número de seus fornos durante a noite para dar impressão de que seus reforços haviam chegado para a batalha. Em sua guerra pela libertação, o Exército da Oitava Rota tentou uma estratégia similar contra o exército de Kuomintang, o Partido Nacionalista Chinês.

No inverno de 1947, o regimento de Ch'en Keng, do Exército da Oitava Rota, ativo em guerrilhas na área de Fushan, na província ocidental de Henan, viu-se tendo de encarar a força superior de Kuomintang, e durante um curto período precisou evitá-lo. Em vez de se retirar, o regimento desenvolveu um plano para distrair o inimigo. Criou uma unidade-chamariz, cujo único propósito era atrair Kuomintang a uma "caçada a gansos selvagens".

Essa unidade recebeu instruções para dar a impressão de que era a principal força do Exército da Oitava Rota. Encenando uma incursão militar, deu início a um jogo de gato e rato para atrair seus oponentes. Os homens da unidade-chamariz começaram indo para o sul, em plena vista do inimigo, e assim que se convenceram de que o inimigo não conseguia mais vê-los, fizeram meia-volta e continuaram marchando para o sul na mesma estrada, dando a impressão de ser uma força maior do que era. Quando acampavam, eles faziam um grande número de fogueiras, para criar a impressão de ser um grande regimento.

O inimigo não foi atraído facilmente. A unidade-chamariz mudou suas táticas, e atacou a guarnição da prefeitura em Chen Pei, criando deliberadamente a impressão de que era uma manobra militar da força principal. Quando relatórios sobre a proporção do ataque chegaram às forças inimigas, estas enviaram sua força principal, que se movimentou agressivamente em direção a uma batalha decisiva.

A unidade-chamariz se retirou, levando o inimigo cada vez mais para longe da força principal do Exército da Oitava Rota, e se afastou. Mesmo assim, não desistiu. Marchou unida, criando vagalhões de nuvens de poeira que sugeriam uma força mais extensiva; deixou para trás um número desproporcional de mochilas e levou a cabo outras ações que passavam a sensação de que aquela era de fato uma força muito maior em movimento. Apesar de cético no começo, o exército de Kuomintang foi enganado pelos embustes e acreditou que a unidade-chamariz fosse mesmo a força principal de seu oponente. Por isso, caçaram-na por vários meses. Durante esse período, a força principal do Exército da Oitava Rota pôde gozar de um longo descanso e se preparar para a batalha decisiva que estava por vir.

A estratégia de enganação da União Soviética

Em seu *Estratégias de batalha dos tempos modernos,* Nagai Yonosuke conta o seguinte episódio:

No começo dos anos de 1970, câmeras de reconhecimento via satélite sobre o espaço aéreo soviético descobriram um aumento de submarinos que carregavam mísseis intercontinentais. Esses navios de guerra submersíveis eram parte da frota norte soviética que estava no porto de Polyarny, nas proximidades de Murmansk. Por alguns dias, entretanto, ventos violentos sopravam no mar de Barents, e as câmeras de vigilância não estavam funcionando bem. Quando os ventos passaram e as câmeras voltaram a funcionar regularmente, operadores ocidentais ficaram surpresos em observar que metade daqueles novos submarinos havia sido danificada pelos ventos, agora com suas carcaças retorcidas ou emborcadas. Eles, então, deduziram que os submarinos não eram feitos de aço. A tempestade os havia exposto como marionetes – os soviéticos estavam empregando a estratégia "Faça as flores florescerem nas árvores" para aumentar a força de sua frota.

Esse era mesmo o caso. Anos depois, um antigo engenheiro do alto escalão soviético explicou que era sua a responsabilidade de criar armas falsas feitas de madeira. "Elas pareciam iguais às verdadeiras quando vistas de longe. Um prédio especial foi construído para a fabricação delas, e as cercanias das instalações eram completamente camufladas", ele relatou. Na base da ilha de Saaremaa, do lado oposto ao porto de Riga, havia um grande número de mísseis verdadeiros, mas, graças aos esforços desse engenheiro, o número de imitações excedia o daqueles. A abordagem dupla criava falsas impressões do tamanho da frota e da localização da força principal.

Após narrar esse episódio, Nagai Yonosuke comentou: "É claro, este tipo de embuste tinha apenas a intenção tática de lograr e confundir o ocidente. Entretanto, mesmo em um nível estratégico, este ponto pode ser considerado: a União Soviética havia escondido sua força verdadeira nos últimos trinta anos e, a fim de inflá-la, tomou medidas extremas".

NOTA

1. Do 53º hexagrama, *Chien*, do *I Ching*, ou *O livro das mutações*. Na nona linha, lê-se: "O ganso selvagem progride gradualmente pela ampla estrada. Suas penas podem ser usadas para cerimônias. Bom agouro". No comentário a essa linha, lê-se: "Suas penas podem ser usadas para cerimônia. Bom agouro, mas não pode ser de forma caótica".

Estratégia 30

Despeça-se como convidado, assuma o controle como anfitrião

Tire vantagem de uma abertura,
coloque seu pé,
e agarre a chance principal.
O avanço está no progresso gradual.[1]

Se seu oponente lhe der uma abertura, capitalize-a imediatamente e tome o poder. Todavia, isso não deve ser feito de maneira arbitrária. O procedimento correto tem que ser seguido, e sua meta alcançada passo a passo.

"Despeça-se como convidado, assuma o controle como anfitrião" é uma estratégia na qual a pessoa, na posição de seguidor (convidado), assume o assento de líder (anfitrião). Ou seja, o partido que estava inicialmente passivo assume o controle. Em termos de batalha, *A arte da guerra* afirma que é essencial assegurar a liderança e impor seu ritmo ao inimigo. Se uma pessoa permanece na condição de "convidada", nunca obterá a posição de liderança. Esse é o significado de "Despeça-se como convidado, assuma o controle como anfitrião".

A fim de realizar esta estratégia, o seguinte procedimento precisa ser observado:

1. Assegure o assento de convidado.
2. Busque por pontos fracos do anfitrião.
3. Inicie a ação.
4. Assuma o poder.
5. Troque de lugar com o anfitrião.
6. Solidifique o poder.

Enquanto estiver passivo no assento de convidado, você não pode se precipitar, mas, sim, ser paciente e circunspecto, e esperar pela hora certa de atacar.

A paciência de Liu Pang

Hsiang Yu e Liu Pang lideravam cada um suas próprias tropas como generais aliados à aliança anti-Ch'in, e cada um tomou sua própria rota para a capital de Ch'in, Hsien-yang. Entre os exércitos da aliança, as tropas de Hsiang Yu eram a força principal, e as de Liu Pang, uma força destacada. Ironicamente, contudo, apesar de ser a força mais fraca, as tropas de Liu Pang foram as primeiras a atacar Hsien-yang. O general Hsiang Yu ficou furioso com a audácia de Liu Pang, e, para descarregar sua raiva, decidiu atacar Liu Pang.

Naquele momento, as tropas de Liu Pang tinham 100 mil homens, enquanto as forças de Hsiang Yu eram quatro vezes maiores. Claramente, Liu Pang não tinha chances de vencer.

Não vendo alternativa, Liu Pang rumou para o acampamento de Hsiang Yu, acompanhado apenas de um empregado, para se desculpar. Esse famoso evento na história chinesa é conhecido como "O Encontro no portão do ganso selvagem". O ato serviçal de Liu Pang certamente foi um movimento sábio. Ele não teria sido capaz de superar Hsiang Yu pela força, por isso optou pela humildade.

Não muito tempo depois, Hsiang Yu se tornou o líder de fato. Quando o mapa pós-guerra estava sendo desenhado e a terra dividida, o círculo central da aliança militar decidiu que o general que primeiro atacara Hsien-yang seria recompensado com a terra dentro de Passes (Shensi). E este general era Liu Pang. Mas a aliança tirou dele essa desejada região e, em vez disso, o presenteou com uma terra remota chamada Han Chung. Com esse insulto, a paciência de Liu Pang se esgotou. Enraivecido com a injustiça, aprontou-se para ir à guerra. Mas seus conselheiros foram inflexíveis – a hora era de de ter paciência, pois seu exército não estava em condições de assegurar uma vitória. Por fim, ele se deixou convencer pela argumentação, abandonou seu plano e foi, cheio de rancor, para Han Chung.

Liu Pang isolou-se na remota Han Chung e aguardou. O tempo passou, e sua paciência, finalmente, valeu a pena, quando uma abertura se apresentou diante dele. Liu Pang rapidamente explorou as deficiências de Hsiang Yu, montou um exército, tirou-o do poder e reivindicou o império.

Enquanto estava isolado, Liu Pang demonstrou uma meticulosa paciência e circunspeção, qualidades essenciais para o sucesso de "Despeça-se como convidado, assuma o controle como anfitrião".

Circunspecção e tenacidade por três gerações

Quando jovem, Sze Ma Chung-ta era tido como inteligente e capaz. Um homem a quem ele causou impressão foi Ts'ao Ts'ao, de Wei, que estava rapidamente crescendo nos círculos de poder da época. De fato, após Chung-ta ter sido descoberto por Ts'ao Ts'ao, ficou decidido que ele serviria em Wei. Desde o começo, contudo, parecia que o relacionamento entre os dois não era bom.

Quando Chung-ta ainda estava ligado ao príncipe Ts'ao P'i, Ts'ao Ts'ao teve um sonho que, para ele, fora um tipo de premonição. Nele, três cavalos tinham a cabeça metida na mesma manjedoura. Pouco depois desse sonho, Ts'ao Ts'ao disse a Ts'ao P'i: "Existe a possibilidade de que nosso clã seja usurpado por Chung-ta. Então, tenha muito cuidado com este homem".

Aquelas palavras, ditas por Ts'ao Ts'ao, demontravam seu desconforto e podiam ser interpretadas como: "Certifique-se de que este homem seja morto", indicando que sua confiança em Chung-ta começava a minguar.

Chung-ta, entretanto, enquanto esteve sob a vigilância cerrada de Ts'ao Ts'ao, serviu às necessidades de Ts'ao P'i muito bem, e desempenhou suas tarefas diligentemente. Aos poucos, a cisma de Ts'ao Ts'ao começou a diminuir e, com o tempo, o prestígio de Chung-ta cresceu. Finalmente, com a morte de Ts'ao Ts'ao, Ts'ao P'i assumiu o trono, e Chung-ta ficou satisfeito em ser seu homem de confiança. Após a morte de Ts'ao P'i, ele se tornou um vassalo altamente considerado na corte do reino de Wei.

Todavia, Chung-ta começou e terminou sua carreira como vassalo. A geração seguinte se beneficiou de sua boa posição. Mas foi com seu neto, Sze Ma Yen, que o clã Sze Ma usurpou a corte de Wei e estabeleceu a corte de Chin.

No final, após três gerações, a família Sze Ma concluiu a estratégia "Despeça-se como convidado, assuma o controle como anfitrião".

NOTA

1. Do 53º hexagrama do *I Ching*, ou *O livro das mutações*. No comentário, lê-se:

   O avanço está em processo gradual. Uma mulher dada em casamento é bom agouro. Ela avança em posição, e há mérito em seguir em frente. Avance com correção, você pode tornar seu próprio território correto. Sua posição é firme (*yang*), e você ganha o centro. Faça uma pausa e seja dócil; mova-se sem ir a extremos.

Parte VI

ESTRATÉGIAS PARA UMA BATALHA PERDIDA

Mesmo quando você estiver em uma situação desesperadora, não é aconselhável que se resigne a lutar até o amargo fim. Há um grande número de estratégias secretas para vitórias retaliadoras. Quando a situação ficar terrível e a derrota parecer cada vez mais provável, o melhor a fazer é fugir. A retirada perspicaz de hoje pode significar a vitória de amanhã.

Estratégia 31

A ESTRATÉGIA
DA BELA MULHER

Quando o exército for forte,
ataque seu general.
Se o general for sábio,
ataque seu espírito.
Se o general for fraco
e o exército estiver se rompendo,
seu poder enfraquecerá a si mesmo.
É benéfico eliminar o inimigo;
esta é uma proteção simultânea e maleável.[1]

Ao encarar um inimigo de grande força militar, o melhor é enganar seu comandante. Se o comandante opositor for sábio, prepare uma estratégia que enfraqueça sua vontade. Se você privar tanto o comandante quanto os soldados da vontade de agir, seu oponente sofrerá um colapso internamente. Se puder tirar vantagem das fraquezas de seu oponente e manipulá-lo livremente, você será capaz de virar a mesa a seu favor e explorá-lo de acordo com a sua vontade.

"A estratégia da bela mulher", como sugere o título, envolvia originalmente o uso de uma bela mulher para atrair os pensamentos do oponente para longe das batalhas políticas e militares. No *Lu T'ao*, um livro sobre artes marciais, está escrito: "Suborne-o com uma abundância de joias; seduza-o com belas mulheres"; e: "Ao introduzir a voz lasciva de uma bela mulher, você pode fazer com que ele se desvie". Essencialmente, o ponto desta estratégia é seduzir o oponente e enfraquecer sua iniciativa, privando-o, portanto, de sua vontade de agir. Apesar de esta estratégia ser amplamente usada por uma pessoa mais fraca contra uma mais forte, ela pode, claro, também ser utlizada na situação oposta.

Chu Chien seduz seu oponente

No período entre o final da primavera e o outono, Chu Chien, governador de Yueh, foi forçado a assinar um humilhante acordo de paz no Monte Hui Chi após ter sido derrotado por Fu Ch'a, governador de Wu. Perdoado, foi-lhe permitido retornar para casa, mas seu orgulho sofrera um golpe desmoralizante, e ele jurou nunca se permitir esquecer do gosto da derrota no Monte Hui Chi.

Determinado a recuperar sua honra, Chu Chien começou um plano duplo para preparar sua vingança.

Primeiro, revolucionou o governo de seu próprio Estado. Aprendendo com sua experiência anterior, reconstruiu a administração do Estado e fortaleceu as forças armadas. Reorganizou o trabalho rural e convidou homens de talento, vindos de outros lugares, para se estabelecer em Yueh.

Depois, enquanto fortalecia o poder de seu próprio Estado, Chu Chien buscou meios de minar o de Fu Ch'a. E montou um plano em que usaria uma bela mulher para seduzir e aprisionar seu rival.

Para conseguir enganar Fu Ch'a com sucesso, a mulher precisaria ser abençoada com um encanto singular e uma beleza excepcional. Rapidamente espalhando a notícia por Yueh, ele foi capaz de encontrar uma bela jovem chamada Hsi Shi, filha de um vendedor de madeira que vivia aos pés do Monte Chu Lo. Porém, apesar de sua notável beleza, Hsi Shih era uma camponesa, e carecia de todas as maneiras necessárias a uma mulher da corte. Chu Chien levou-a para a capital e fez com que fosse treinada em todas as artes da etiqueta moderna, do comportamento aos costumes, à maquiagem e modo de andar. Esse rigoroso treinamento durou três anos, tal era a necessidade traiçoeira e bem planejada de vingança de Chu Chien.

Quando Hsi Shih já dominava todo o decoro e a graça polida de uma *lady*, foi enviada para Wu, e conseguiu uma entrevista com Fu Ch'a. Assim que colocou os olhos sobre ela, ele ficou perdidamente apaixonado, e imediatamente a tomou como sua concubina. Sua paixão lhe custaria caro. Cegado por aquele tesouro feminino, ele começou a perder o senso de vigilância e negligenciar os problemas com Chu Chien. Fu Ch'a fora enredado pela "A estratégia da bela mulher". Chu Chien, que tanto esperara por aquele momento, quando ele chegou, simplesmente executou sua vingança sem misericórdia e destruiu seu oponente.

Salvo por uma bela mulher

Durante o reinado de Chou, de Yin, havia entre os nobres menores um sujeito chamado Hsi Pai. Enquanto Chou era considerado um tirano, Hsi Pai governava seu Estado admiravelmente e era popular entre seus pares. Ciente de que essa popularidade poderia ser uma ameaça, os conselheiros de Chou lhe contaram em segredo: "Hsi Pai é um bom governante e ganhou o coração de seus pares. Se você não dispensá-lo em breve, isso pode trazer resultados ruins no futuro".

Por essa razão, Chou atacou Hsi Pai e o colocou na prisão. Os subordinados de Hsi Pai, vendo que a vida de seu mestre estava em perigo, agiram rapidamente. Vasculharam a terra em busca de uma bela mulher, cavalos excepcionais e de artigos e bens preciosos, com os quais presentearam o governador por intermédio de um de seus vassalos. Ao receber presentes tão reais, Chou ficou encantado, e disse: "Com presentes como esses, não há motivo para não perdoar Hsi Pai". Então, libertou o prisioneiro e lhe permitiu voltar para sua terra.

Apesar de essa não ser uma vitória política ou militar, a liberdade de Hsi Pai foi restaurada pelo uso que seus subordinados fizeram de "A estratégia da bela mulher".

Curiosamente, anos depois, o filho de Hsi Pai, governador de Wu, destruiu Chou e estabeleceu a corte Chou.[2]

O poder de uma bela mulher

Havia mais usos para "A estratégia da bela mulher" do que meramente seduzir um inimigo até que se descuidasse. Podia ser uma ferramenta interessante também para espionagem e assassinato. Apesar de tais atividades clandestinas não terem sido bem registradas em livros de história chineses, mulheres bonitas eram enviadas com frequência para os oponentes como espiãs ou assassinas, disfarçadas de concubinas.

A história da Rainha Perfumada ilustra a eficiência desta estratégia. Na época do imperador de Ch'ing, Kan Lu, havia uma rainha chamada Hsiang Fei, que vivia em uma tribo de mongóis em uma região que fazia fronteira com o oeste da China. Seu nome significava "Rainha Perfumada" e, conforme este significado implicava, ela era uma beleza que exalava uma fragrância maravilhosa. Quando o imperador Kan Lu ouviu falar daquela legendária beleza, decidiu que tinha de possuí-la. Para tanto, enviou uma força punitiva para as regiões ocidentais, matou a tribo inteira e tomou Hsiang Fei como sua prisioneira.

Cair nas graças dela, contudo, provou-se uma tarefa árdua, pois ela não ouvia nada que ele dizia. Certo dia, ela puxou uma lâmina da manga do vestido e apontou-a para o imperador. Não disposto a ser visto enfrentando uma mulher, Kan Lu retrocedeu e ordenou que suas antigas cortesãs a desarmassem.

Hsiang Fei riu e o desafiou: "Você está perdendo seu tempo. Eu tenho mais dez dentro de meus roupões".

Aquela vontade determinada somente alimentava o desejo do imperador, que ficou ainda mais apaixonado. Sua natureza desafiadora havia conquistado o amor do imperador, mas viria a se provar uma faca de dois gumes. Com o passar do tempo, a mãe do imperador ficou cada vez mais preocupada que Hsiang Fei pudesse se tornar uma ameaça, até que, finalmente, sem o conhecimento de seu filho, ordenou que a moça fosse assassinada.

A história da Rainha Perfumada demonstra como a beleza de uma mulher pode ser mais poderosa do que o mais forte exército, conseguindo até mesmo acesso a quartéis que o mais perspicaz adversário falharia em obter. Talvez Hsiang Fei não desejasse matar o imperador, mas, se quisesse fazê-lo, certamente teve um bom número de oportunidades. Sua história é um bom lembrete do quanto "A estratégia da bela mulher" pode ser potente e letal.

NOTAS

1. Do 53º hexagrama do *I Ching*. No comentário à terceira linha, lê-se: "O marido vai para o *front*, mas não volta; separa-se de seus compatriotas. Sua esposa aceita, mas não se entrega; ela perdeu seu caminho. *É benéfico eliminar o inimigo; esta é uma proteção simultânea e maleável*".

2. Esses "Chous" são homônimos; os caracteres e significados chineses são diferentes.

Estratégia 32

A ESTRATÉGIA DA FORTALEZA VAZIA

*O fraco mostra fraqueza,
e cria ainda mais dúvida em um
oponente que já está desconfiado.
Quando esta for uma questão
do fraco contra o forte,
resultados maravilhosos serão obtidos.*

Quando sua própria defesa for inadequada, se você der a impressão de estar completamente sem defesas, será capaz de confundir o julgamento do inimigo. Esta estratégia deve ser usada quando você estiver em posição militarmente inferior; ela pode ter resultados inesperados.

Quando suas forças forem inferiores e não tiverem chance de vencer, "A estratégia da fortaleza vazia" é uma tática psicológica na qual você mostra, de maneira ousada, sua falta de defesa até certo ponto, para confundir o julgamento do inimigo. A meta desta estratégia não é obter a vitória, mas ganhar tempo e evitar um ataque. Isso costuma ser usado quando você está em uma situação extrema de resistência final, ou seja, quando está buscando uma estratégia que salve a sua vida em meio a uma crise que o levará à morte, a não ser que medidas drásticas sejam tomadas.

"A estratégia da fortaleza vazia" vem do famoso episódio envolvendo o comandante Chu Ko K'ung-ming em O romance dos três reinos. Apesar de ele ser fictício, a estratégia em si foi empregada algumas vezes com sucesso em batalhas reais.

"A estratégia da fortaleza vazia" de K'ung-ming

Quando soube que sua guarda avançada, liderada por Ma Shu, tinha sido derrotada por Chung-ta, K'ung-ming imediatamente deu ordem para que seu exército inteiro batesse em retirada. Ao mesmo tempo, ele próprio foi para Hsi Ch'eng e trouxe consigo provisões. Naquela época, um fluxo ininterrupto de mensageiros viajava em rápidos cavalos entre os acampamentos, enquanto K'ung-ming cuidava das feridas de seus homens e tentava planejar seu próximo movimento.

Nesse ínterim, K'ung-ming recebeu informações de que o comandante inimigo Chung-ta estava liderando 150 mil homens e avançando sobre a guarnição em Hsi Ch'eng.

Desafortunadamente, qualquer tentativa de lutar não seria viável para K'ung-ming, que tinha apenas 2.500 soldados. Todos os oficiais empalideceram ao saber as notícias, mas K'ung-ming ordenou imediatamente: "Arriem as bandeiras! Vão até as torres de vigília e fiquem todos em seus postos, mas não deixem que os vejam. Matarei aquele que atrair a atenção para si!".

Com esse comando, ele abriu os portões da fortaleza nos quatro lados e ordenou que vinte soldados se vestissem como civis e se pusessem a varrer a estrada que levava a cada portão.

Então, deu outras instruções com bastante cuidado: "Prestem atenção! Mesmo que os soldados de Wei se aproximem, não toquem o alarme. Não importa o que aconteça".

O próprio K'ung-ming tirou sua armadura e se disfarçou de taoísta. Colocou uma viola de cinco cordas debaixo do braço e, acompanhado de dois jovens, foi até a torre da fortaleza. Então, acendeu incensos e começou a tocar.

Quando Chung-ta chegou à fortaleza, aquele misterioso silêncio o confundiu.

Imediatamente, ele gritou: "Retirada! Retirada!", e ordenou que o exército inteiro fosse embora.

Seu filho, Sze Ma Chao, que estava ao seu lado, perguntou: "Pai, as forças dentro do castelo são claramente inadequadas. Você não acha que K'ung-ming está fazendo isso de propósito? No que está pensando ao retirar o exército sem partir para a ofensiva?".

Chung-ta respondeu: "Não, não. Eu conheço K'ung-ming, ele é um homem profundamente prevenido. Não se arriscaria a a tal ponto. Deixar os portões abertos assim é uma clara armadilha, e estou convencido de que há soldados lá dentro esperando para nos emboscar. Se atacarmos agora, pode ser o nosso fim. Temos de partir o mais rápido possível".

O exército de Chung-ta então se retirou. Quando os generais e soldados de K'ung-ming perguntaram, espantados, como havia pensado naquela estratégia, ele respondeu: "Chung-ta me conhece muito bem, e acredita que sou um homem que não assume riscos. Então, quando viu a fortaleza sem guardas, jamais lhe passaria pela cabeça que eu teria me escondido e deixado a guarnição vulnerável. Não, ele teve dúvidas e temeu uma emboscada, e, portanto, retirou suas tropas. Não me senti bem em nos colocar em risco, mas o fiz porque não havia outra alternativa".

Essa história é o primeiro exemplo de uso da "Estratégia da fortaleza vazia". Devemos tratar esta estratégia com alguma cautela, afinal, esse episódio é fictício.

O blefe de Chang Shou-kuei

Há poucos exemplos desta estratégia aplicada com sucesso. Um deles é o caso de Chang Shou-kuei, cuja história tem uma profunda semelhança com sua contraparte fictícia.

Durante o reinado do imperador Hsuan Tsung, no período T'ang, uma tribo não chinesa chamada T'u-fan (tibetanos) invadiu a província de

Kua e matou o comandante da guarnição. A corte T'ang, em face disso, nomeou Chang Shou-kuei para ocupar este posto.

Após assumir o cargo, a primeira coisa que Shou-kuei fez foi comandar os nativos e começar os reparos das paredes da fortaleza. Porém, antes que fosse capaz de completar a tarefa, a força de T'u-fan retornou. Com os reparos e os preparativos incompletos, uma defesa bem-sucedida seria impossível. Sabendo disso, os nativos entraram em pânico.

Chang Shou-kuei deu um passo à frente e disse: "Nós não apenas estamos em menor número, como não temos preparo militar. Esta é uma situação grave. Precisamos desesperadamente de uma estratégia para fazer com que o inimigo se retire".

Dito isso, ordenou que fizessem uma festa dentro da fortaleza, acompanhada de uma trupe musical, e que todos se juntassem em turbulenta folia.

O exército de T'u-fan cercou a fortaleza, mas, quando seus homens viram o festejo, ficaram desconfiados. Ao final, convenceram-se de que o ataque tinha sido prepitado, e que os soldados estavam esperando para emboscá-los dentro da fortaleza. O blefe funcionara. O exército logo se retirou, e o povo de Shou-Kei foi poupado de um massacre.

Estratégia 33

Crie uma
fissura

Induza dúvida após dúvida.
Conheça bem seu próprio povo
para que não caia neste estratagema.[1]

Crie o demônio sombrio da dúvida dentro do inimigo e confunda seu julgamento até o final. Use os espiões de seu oponente com eficiência e obterá a vitória sem esforços.

"Crie uma fissura" é uma tática na qual você faz circular uma falsa informação e atrapalha o julgamento do inimigo. Usar os espiões do inimigo contra ele mesmo é considerado o meio mais eficiente para espalhar essas falsas informações.

De acordo com *A arte da guerra*, há dois métodos básicos para usar os espiões do inimigo: suborne-os para que disseminem sua propaganda, ou plante informações falsas para que eles as "descubram". Ambos são métodos de estratégia clássicos.

Semeando as sementes da dúvida nos altos escalões do inimigo

As tropas de Liu Pang estavam cercadas pelo exército superior de Hsiang Yu, e acabaram sendo jogadas em uma luta amarga. Encarando as chances desfavoráveis, seu oficial, Chen Pei, lhe deu um conselho:

"Os cavaleiros incorruptíveis que seguem Hsiang Yu não são mais do que alguns comandantes sob o estrategista Fan Tseng. Nós devemos preparar presentes com 10 mil peças de ouro, enviar alguns espiões, quebrar o relacionamento entre os príncipes e os vassalos de nosso oponente, e plantar neles as sementes da dúvida mútua. Hsiang Yu é emotivo e fácil de ser enganado, portanto, isso certamente causará alguma discórdia interna. Então, se você tirar vantagem dessa fissura e atacar, com certeza será capaz de destruí-lo."

Liu Pang concordou com o plano de Chen Pei, e imediatamente preparou os presentes de ouro e os entregou para seu oficial. "Use-os", ele disse. "Vocês têm sido conselheiros leais, por isso lhes confio esta tarefa."

Chen Pei enviou o dinheiro, e, depois, despachou seus espiões para espalhar diversos rumores entre os escalões militares superiores de Hsiang Yu. Ele os instruiu para que contassem a seguinte mentira: "Os comandantes de Hsiang Yu têm desempenhado grandes e meritórias ações. Entretanto, como não são compensados, nem recebem feudos por seus atos, estão prontos para abandoná-lo e lutar ao lado de Liu Pang".

Hsiang Yu ouviu esses rumores e começou a ter grandes dúvidas sobre seus comandantes. Enviou um mensageiro até Liu Pang na esperança de descobrir mais. Chen Pei preparou um rico banquete para o mensageiro, fez com que homens nobres o servissem, e até mesmo preparou uma chaleira cerimonial, normalmente reservada somente para os convidados mais distintos. Assim que todos estavam prestes a comer, depois de o mensageiro ter se apresentado formalmente, Chen Pei olhou para o rosto dele com ar de surpresa e disse: "O quê? Você foi enviado por Hsiang Yu? Achei que era o mensageiro de lorde Fan Tseng."

Depois de dizer aquilo, Chen Pei rapidamente levou o rico banquete embora, dispensou os servos e, então, lhe ofereceu uma refeição miserável.

Assim que os mensageiros de Hsiang Yu retornaram ao acampamento, ele relatou os detalhes de sua recepção. Aquela afronta ao seu mensageiro foi suficiente para provocar dúvidas em Hsiang Yu em relação a Fan Tseng. Aqueles demônios da dúvida não deixavam Hsiang Yu, as incertezas se tornaram tão duras, que a confiança em seu chefe estrategista erodiu rapidamente, a ponto de ele não aceitar mais nenhum conselho que Fan Tseng lhe dava. Irado e insultado, Fan Tseng abandonou Hsiang Yu e retornou à sua cidade natal.

Dessa forma, Chen Pei usou a estratégia "Crie uma fissura" para minar o escalão superior de seu oponente, e o exército de Hsiang Yu foi gradualmente afastado por uma força inferior.

O que os espiões ouvem por acaso

Durante o período Sung, o general Yo Fei recebeu uma ordem da corte para pacificar os rebeldes Ling Piao. O chefe rebelde, Ts'ao Ch'eng, contudo, não se submeteria facilmente, então, Yo Fei ordenou uma ofensiva militar.

Quando o exército de Yo Fei tinha avançado até a província de Ho, alguns espiões rebeldes já tinham sido capturados. O general, então, pediu que os homens fossem amarrados e jogados no chão, próximos da sua tenda. Aí, fora da tenda, ele, aparentando não estar ciente da presença dos prisioneiros, pediu um relatório aos seus subalternos sobre as provisões restantes do exército.

O oficial no comando respondeu: "Estamos quase sem provisões, senhor. O que devemos fazer?".

A expressão de Yo Fei era de resignação. "Não há nada que possamos fazer. Teremos que nos retirar até Ch'a Ling."

Assim que Yo Fei proferiu aquelas palavras, repentinamente olhou para os prisioneiros. Fingindo surpresa e mal-estar por sua situação ter sido comprometida, rapidamente voltou para sua tenda. Então, deu instruções secretas para que seus homens permitissem que os prisioneiros escapassem. Quando os espiões voltaram, relataram essa conversa para Ts'ao Ch'eng. Indubitavelmente aliviado ao ouvir aquelas notícias, Ts'ao Ch'eng relaxou e baixou a guarda.

Enquanto isso, após ter dado tempo suficiente para que suas falsas notícias chegassem ao acampamento inimigo, Yo Fei rapidamente preparou provisões, ordenou secretamente a mobilização de suas tropas, e avançou ao longo dos vales. Logo antes do amanhecer, lançou um ataque repentino sobre as tropas de Ts'ao Ch'eng e as aniquilou sem misericórdia.

Um retrato condena seu sujeito

Esse evento ocorreu quando o fundador da dinastia Sung, Chao K'uang-yin, atacou T'ang do Sul. Do lado de T'ang do Sul havia um temível general chamado Lin Jen-chao, um líder forte e engenhoso, cujos oponentes eram incapazes de derrotar suas tropas.

Por fim, Chao K'uang-yin pensou em uma estratégia. Primeiro, subornou um dos assistentes de Lin Jen-chao, e fez com que ele conseguisse secretamente um retrato de Lin. Então, fê-lo sentar-se em uma sala especial e teve uma reunião com um mensageiro de T'ang do Sul.

Ao mostrar o retrato para o mensageiro, perguntou: "Acho que você sabe quem é este, certo?".

O mensageiro respondeu: "Não é um retrato de nosso general de Estado, Lin Jen-chao?".

Chao K'uang-yin acenou solenemente com a cabeça, e então continuou: "Jen-chao solicitou rendição. E, como símbolo de suas intenções, nos enviou este retrato". Enquanto falava, apontou, através da janela, para um palácio isolado. "Nós chegamos a um entendimento sobre os termos da rendição. Este é o local onde ele viverá."

O mensageiro relatou o incidente rapidamente para o governador de T'ang do Sul. Completamente levado pela farsa, o governador ficou enraivecido e ordenou que Lin Jen-chao fosse envenenado. A estratégia de Chao K'uang-yin "Crie uma fissura" ludibriara com sucesso seu inimigo, dando-lhe a satisfação de ver um dos seus adversários militares mais mortais ser destruído de dentro para fora.

NOTA

1. Do 8º hexagrama, *Pi*, do *I Ching*, ou *O livro das mutações*. No comentário à segunda linha, lê-se: *"Se você puder permanecer em termos familiares com os seus, não irá se perder."*

   No comentário:

   Familiaridade é bom agouro. Ela o ajudará. O mais baixo segue ordens apropriadas. Buscando augúrios, se você estiver fundamental e consistentemente correto, não haverá culpa. Por esse motivo, você será forte e atingirá o alvo. Aqueles que ainda não são fáceis irão abordá-lo, e o mais alto e o mais baixo responderão mutuamente. O retardatário é de mau agouro; seu caminho será cortado.

Estratégia 34

A ESTRATÉGIA
DA AUTOLESÃO

*Em situações normais você não causa danos
a si mesmo, mas se planejar fazê-lo com
propósitos estratégicos, o dano precisa ser real.
Se puder dissimular e tornar a dissimulação
crível, poderá realizar seu plano.
A boa sorte da tola juventude:
ele segue ordens, e, assim, é dócil.*[1]

As pessoas normalmente não se ferem ou aos seus aliados. Se o dano for infligido, isto geralmente ocorre devido a ações de um segundo partido ou de circunstâncias além do controle. Mas se um dano infligido a si mesmo ou a alguém em seu partido trouxer benefícios estratégicos, isso deve ser feito de maneira convincente para que dê certo. Para que seu oponente acredite, seu desempenho precisa ser verdadeiro.

"A estratégia da autolesão" é aquela em que você causa dor a si mesmo de uma maneira que seja convincente ao seu inimigo. É essencial que você seja suficientemente implacável para enganar até mesmo seus próprios aliados. A história a seguir foi retirada de O romance dos três reinos, e nela o comandante de Wu, Huang Kai, supostamente usou esta estratégia na Batalha dos Rochedos Vermelhos. Hoje, essa história é tida mais como invenção do que fato, mas a estratégia em si foi usada em várias batalhas desde os tempos antigos, com muito sucesso.

A falsa rendição de Huang Kai

Esse evento supostamente ocorreu durante o período dos Três Reinos, quando a Marinha, liderada pelo general Chou Yu, atacou o grande exército de Ts'ao Ts'ao na área dos Rochedos Vermelhos.

Ao ver os grandes navios de guerra de Ts'ao Ts'ao atracados na margem oposta, o comandante Huang Kai se aproximou de Chou Yu e disse: "O inimigo tem um grande exército, que nossas forças não podem repelir. Como as coisas estão, não poderemos resistir por muito tempo. Os navios de guerra inimigos estão ancorados no lado oposto, contudo, estão presos uns aos outros da popa à proa. Isso os torna vulneráveis, então, se lançássemos um ataque incendiário, poderíamos incapacitá-los".

Chou Yu concordou entusiasticamente, e Huang Kai logo conseguiu alguns navios e fez preparativos para o ataque. Ao mesmo tempo, secretamente prepararam duas outras estratégias para garantir seu sucesso.

Primeiro, enviariam um mensageiro para Ts'ao Ts'ao suplicando por rendição. Eles sabiam, contudo, que seu oponente não seria totalmente enganado por esse gesto, então, logo pensaram em uma segunda tática, e nesta usariam "A estratégia da autolesão".

Assumindo seu lugar na conferência da estratégia, Huang Kai, com fervor, pediu a rendição. Chou Yu protestou veemente, caindo na ira do comandante, que sentenciou seu subordinado a cem chicoteadas. Quando Chou Yu foi arrastado de volta ao acampamento, suas costas estavam vergastadas, e ele, coberto de sangue. Suas feridas eram tão graves que, dizem, ele perdeu a consciência. Essa notícia inevitavelmente chegou a Ts'ao Ts'ao por intermédio de seus espiões. A falcatrua, a princípio, havia funcionado, Ts'ao Ts'ao, que suspeitara do pedido de rendição de Huang Kai, agora estava convencido de que o pedido de rendição fora verdadeiro.

Quando a pequena frota de Huang Kai finalmente se aproximou da de Ts'ao Ts'ao, a guarda deste estava baixa, pois acreditava que Huang Kai estava vindo para se render. A pequena frota se moveu facilmente até a distância de ataque, e então lançou uma ofensiva mortal, dizimando os navios de guerra de Ts'ao Ts'ao. Chuo Yu pagara com seu próprio sangue pela vitória, mas foi um uso soberbo de "A estratégia da autolesão".[2]

A vítima desejosa de Li Hsiung

Esse evento ocorreu durante o período das Cortes do Norte e do Sul. Quando Li Hsiung, de Shu Posterior, foi atacado pelo exército Chin, liderado por Lo Shang, o vassalo de Li, P'o T'ai, expressou uma opinião diferente e foi terrivelmente chicoteado. P'o T'ai se apressou em procurar Lo Shang e, após mostrar-lhe suas terríveis feridas, fez-lhe uma proposta:

"Agora, tenho uma rixa com Li Hsiung, e gostaria de desertar secretamente e juntar-me a você. Quando eu retornar para o forte, lhe enviarei um sinal. Quando vir um estouro de chamas vindo de dentro do forte, será a hora de atacar."

As feridas de P'o T'ai de fato eram graves, e Lo Shang achou que não havia motivo para duvidar de suas intenções. Acreditando ter encontrado um aliado secreto, instruiu seus oficiais para que aprontassem seu exército inteiro para um ataque geral e seguissem P'o T'ai.

Entretanto, enquanto isso, antecipando que Lo Shang cairia na armadilha, Li Hsiung havia preparado uma emboscada ao lado da estrada que levava à fortaleza. Seus soldados se esconderam e esperaram pelo ataque de Lo Shang. Quando P'o T'ai retornou ao forte, escalou as paredes por uma escada de cordas e acendeu uma lanterna de fogo. As tropas de Lo Shang imediatamente começaram a subir pelas paredes da fortaleza do mesmo jeito que P'o T'ai fizera, mas, de repente, ele puxou as cordas e deixou mais de cem homens expostos. Lo Shan mal teve tempo de perceber que havia sido logrado antes que Li Hsiung ordenasse que seu exército inteiro atacasse. Eles pegaram o exército de Lo Shan despreparado de ponta a ponta e, por fim, aniquilaram todos.

O infeliz vassalo do duque de Wu

"A estratégia da autolesão" envolve sacrificar ou danificar algo que lhe seja importante, para que possa obter a vitória ou uma vantagem estratégica. É uma estratégia impiedosa, mas precisamente por causa de sua natureza cruel, é altamente efetiva, conforme ilustrado na história seguinte.

Ela se passou quando o duque de Wu, Cheng, desejou conquistar os Tartars. Primeiro, ele enviou sua própria filha para o rei de Tartars, oferecendo sua mão em casamento. O rei aceitou, e uma aliança ostensiva foi formada.

Mais tarde, durante uma reunião com seus vassalos, Cheng declarou suas intenções de expandir sua influência, e lhes pediu opinião sobre qual nação deveriam atacar primeiro. Seu principal vassalo, Kuan Ch'i-ssu, respondeu: "Acho que os Tartars seriam um bom alvo".

O duque de Wu ficou enraivecido, e respondeu aos gritos: "Minha própria filha é casada com o rei deles! Nós somos aliados!". Como exemplo completo da impiedade inabalável do duque, ele imediatamente mandou que Kuan Ch'i-ssu fosse executado.

Quando esse incidente foi relatado ao rei dos Tartars, este deixou sua guarda baixar completamente e, convencido de que não seria atacado, abandonou todos os preparativos contra Cheng. O sacrifício a sangue-frio do duque de Wu atingira seu propósito, e naquele momento Cheng mobilizou seu exército e investiu contra os Tartars.

NOTAS

1. Do 5º hexagrama. Textualmente, o comentário à quinta linha.
2. Embora esta estratégia talvez não fosse utilizada, a batalha em si há muito está arraigada na imaginação dos chineses, e celebrada na poesia e em diários de viagens há séculos.

Estratégia 35

A ESTRATÉGIA DOS ELOS

*É tolice atacar um inimigo que tem muitos
generais e um grande número de tropas.
Faça com que eles se enredem entre si,
e você os enfraquecerá.
O comandante está lá, no centro; boa sorte.
Ele recebe um favor do Céu.*[1]

Quando o inimigo tiver um grande poder militar, não é aconselhável desafiá-lo em um ataque frontal. Para assegurar a vitória, primeiro é essencial preparar uma estratégia que faça com que os soldados inimigos atrapalhem uns aos outros e, portanto, se enfraqueçam. Se seus comandantes usarem esta estratégia, você pode obter a vitória.

"A estratégia dos elos" é uma tática na qual você faz o inimigo tropeçar em seus próprios pés e, portanto, se enfraquecer. É uma estratégia idealizada, a princípio, para irritar o inimigo psicologicamente, assim pavimentando o caminho para uma estratégia de ataque posterior. Desta maneira, ela combina diversas táticas em sequência, primeiro causando rompimento interno, o que gera as condições para a aniquilação externa. Não é uma estratégia que mira uma única vitória clara; ela se distingue por, primeiro, confinar os movimentos do oponente, para, depois, ir em direção à matança.

"A estratégia dos elos" de P'ang T'ung

De acordo com O romance dos três reinos, durante a Batalha dos Rochedos Vermelhos, um estrategista militar chamado P'ang T'ung, que lutava por Liu Pei, abordou o inimigo, Ts'ao Ts'ao, com o falso pretexto de oferecer conselhos. Uma parte considerável da Marinha de Ts'ao Ts'ao não tinha experiência, nem era acostumada com a vida no mar. Muitos de seus homens estavam sofrendo enjoos, e até mesmo o próprio Ts'ao Ts'ao estava tendo dores de cabeça. P'ang T'ung buscou explorar isso em prol de Liu Pei. Agindo como um conselheiro imparcial, sugeriu a Ts'ao Ts'ao que sua pequena frota de navios de guerra fosse unida e acorrentada, e que pranchas fossem colocadas sobre as correntes para permitir um fácil acesso de navio para navio. Ele argumentou que isso daria ao menos alguma semelhança com a vida na terra e, portanto, aliviaria um pouco o mal-estar da tripulação.

Ts'ao Ts'ao estava tão frustrado com a situação, que imediatamente abraçou a ideia e colocou seus homens para trabalhar na ação de prender os navios da popa à proa. Isso se provou um movimento fatal, já que os navios se tornaram alvo fácil para o ataque de fogo mortal de Huang Kai, conforme mostrado na Estratégia 34. Se, por um lado, ligar os navios pode ter fornecido um alívio temporário para a tripulação, o movimento algemou a frota, praticamente dando "de bandeja" a vitória para o ataque surpresa subsequente de Huang Kai.

Assim, a verdadeira intenção de P'ang T'ung foi revelada: ele empregara "A estratégia dos elos" para vincular os movimentos do inimigo, criar confusão e assegurar a obtenção de uma vitória fácil para a frota de Huang Kai.

Destruindo um inimigo superior

A corte Sung caiu vítima de numerosas invasões pelas poderosas Hordas Douradas,[2] e nas diversas batalhas e conflitos que se seguiram, ela foi frequentemente exposta como uma força inferior. Apesar disso, um grupo de notáveis generais dentro da corte empregou algumas estratégias magistrais, que acabaram quebrando o poder superior de seus inimigos. Um desses generais era Pi Tsai-yu.

A estratégia básica de batalha de Tsai-yu tinha um conceito simples. Se seu oponente avançasse primeiro, ele se retirava; se o observasse se retirar, ele avançava. Evitando o confronto direto, ele cansava seu oponente gradualmente, e então empregava táticas de guerrilha para atacá-lo. Uma batalha assim ocorreu quando combatiam a Horda Dourada. Após um período de insultos e zombarias, as forças inimigas estavam ficando sem paciência. Ciente de que rachaduras começavam a aparecer, Tsai-yu preparou um plano para imobilizar as forças inimigas, a fim de lhe permitir um contra-ataque relativamente fácil.

Ocultado pela noite, ele apanhou uma grande quantidade de feijão que tinha sido fervido com ingredientes aromáticos e espalhou no chão a alguma distância de suas forças. Depois, deu início às suas táticas de punição e recompensa, que eram sua marca registrada para atrair o inimigo e fazê-lo atacar, seduzindo-o a persegui-lo pela área na qual espalhara o feijão. A Horda Dourada saiu em seu encalço prontamente. Quando a batalha começou, ao amanhecer, os cavalos do inimigo estavam famintos. Quando sentiram o aroma do feijão, começaram a devorá-los e não se moviam, nem mesmo quando chicoteados. Com as forças inimigas eficientemente paralisadas, Tsai-yu executou uma ofensiva violenta e destruiu, sem misericórdia, as forças da Horda Dourada.

"A estratégia dos elos" havia criado um tumulto interno, incapacitando as tropas inimigas e pavimentando o caminho para um contra-ataque letal.

As três flechas

Diz-se que "Tomar iniciativa é controlar os outros". Esse ditado era comum na época em que Hsiang Liang e Hsiang Yu levantaram exércitos contra Ch'in. De fato, os benefícios de assumir a liderança e estabelecer seu domínio não podem ser subestimados. Assumir a iniciativa logo no começo coloca a pessoa na melhor posição para atingir suas metas.

Contudo, obter uma cabeça de vantagem no começo não é suficiente. O que vem a seguir é tão importante quanto isso. Considere alguém disparando uma flecha no inimigo. É possível contornar esse ataque inicial devastador se não for seguido rapidamente pela segunda e terceira flechas, fazendo o inimigo apenas cambalear, e o ataque letal, então, falhar. Isso também é verdade no boxe. O soco "um-dois" requer uma combinação de golpes após o ataque inicial. Parar após a combinação inicial é insuficiente; são os ataques subsequentes que realmente causam dano ao oponente.

Quando você toma a iniciativa da batalha e ataca primeiro, é aconselhável ter na manga uma segunda e terceira estratégias. Além disso, para que suas estratégias sejam bem-sucedidas, é essencial que você se mantenha adaptável. Flexibilidade e adaptabilidade são as pedras angulares da estratégia de batalha efetiva; sem elas, é impossível reagir aos imprevistos, e você será incapaz de liberar as suas segunda e terceira flechas.

NOTAS

1. Do 7º hexagrama, *Shih*, do *I Ching*, ou *O livro das mutações*. Na segunda linha, lê-se: "O comandante está lá, impávido; boa fortuna. Ele recebe o favor do Céu. Três vezes o governador outorga suas ordens. Ele cuida de seu vasto território inteiro".

    O termo *Shih* (師) é explicado de diversas formas pelos escolásticos do *I Ching*. Significa mestre, professor, exército, batalha ou multidão; mas, pelo *I Ching*, tem sido frequentemente interpretado como exército ou multidão. O fato é que os caracteres chineses que nomeiam os hexagramas são fluidos em seu significado, e provavelmente de propósito. Nas estratégias 26, 35 e 36, este termo é definido de acordo com o contexto.

2. A Horda Dourada. O Canado de Kipchak, governado inicialmente por Batu (1227-55), um neto de Genghis Khan. Ficava centralizado na área mais baixa do rio Volga, e mais ou menos dominou o sul da Rússia até o século XV.

Estratégia 36

Retirar-se é considerado o melhor

O exército inteiro evita o inimigo.
Não há culpa em se retirar e procurar abrigo.
Ao fazer isso, sua condição ordinária
ainda não terá sido perdida.[1]

Esta estratégia tem a ver com retirar o exército inteiro e evitar o ataque inimigo. Em circunstâncias desesperadoras, a pessoa precisa estar sempre pronta para se retirar – esta é uma incontroversa lei da batalha.

Esta tática defende a ideia de que a melhor estratégia é, sem dúvida, evitar uma luta. Nos livros chineses de artes marciais, desde o começo não havia o conceito militar de "morte honrada", como na imagem da joia destruída.² Em vez disso, em "Retirar-se é considerado o melhor" existe o reconhecimento fundamental de que você não deve lutar se não tiver chances de vencer.

Por exemplo, Suz Tzu diz: "Se você tem uma força militar inferior, retire-se; se não tiver chances de vencer, não lute".

E no *Wu Tzu* está escrito: "Se você enxergar o benefício, ataque; se não, é essencial que se retire".

Isso pode estar lado a lado com o senso comum, mas há inumeráveis exemplos históricos nos tempos antigos e modernos de derrotas que se seguiram a batalhas absurdas.

A história está repleta de comandantes indignos, que sabiam como avançar, mas falhavam sistematicamente em se retirar, mesmo contra chances impensáveis. Os chineses chamam homens desse tipo de "graduados e polidos", mas não têm respeito por eles. O que se espera de comandantes e homens responsáveis por organizações não é simplesmente coragem para avançar, mas coragem de reconhecer quando a tarefa é esmagadora, e de se retirar voluntariamente.

Qual é o mérito de se retirar, então? Primeiro, apesar de não ter vencido, você certamente não perdeu. Colocado de outra maneira, evitou danos desnecessários. Segundo, você pode preservar as forças de suas tropas e se preparar para a próxima batalha.

A fuga de Liu Pang

Dizem que qualquer homem que conquistou grandes coisas não hesita em fugir nas situações em que isso é necessário, e que sua fuga é executada com elegância e *finesse*. Liu Pang, de Han, que destruiu Hsiang Yu e assumiu o controle do império, era um desses homens. Nos primeiros anos em que desafiou Hsiang Yu pela hegemonia, suas forças eram constantemente nocauteadas pelo exército superior do adversário, fazendo-o sofrer muitas derrotas humilhantes. Mas Liu Pang era um comandante perspicaz, e nunca cometeu atos imprudentes ou forçou seu exército em situações inalcançáveis. Quando percebia que não tinha chance, retirava-se e evitava a maior parte das matanças de Hsiang Yu. Por esse motivo, seu exército sempre era capaz de retornar para a frente de batalha.

A estratégia de guerra de Liu Pang passava longe da covardia. Apesar das derrotas militares e retiradas constantes, sua contramedida era dupla: na retirada, ele era capaz de se concentrar em manter seus suprimentos e de criar uma rede de circunscrição ao redor das tropas de Hsiang Yu. Apesar de suas retiradas, seu exército nunca chegava a ser desmoralizado, nem jamais foi arruinado para além de qualquer reparo. Ao manter seu exército flutuante, quando os movimentos da batalha finalmente mudaram a seu favor, ele foi capaz de se capitalizar e assegurar uma surpreendente vitória sobre Hsiang Yu. Isso jamais teria sido possível se ele não tivesse executado de forma magistral suas diversas retiradas.

As costelas de galinha de Ts'ao Ts'ao

Em O *romance dos três reinos,* Ts'ao Ts'ao é normalmente mostrado como um governador impiedoso e malévolo, mas, na verdade, ele foi um dos homens mais notáveis de sua época. Era um operador extremamente eficiente no campo de batalha, assegurando a grande maioria de vitórias nas batalhas contra seu rival, Liu Pei. Seu planejamento marcial tinha diversas características ímpares. Ele estudou intensamente livros sobre artes marciais, como *A arte da guerra,* e dominou os fundamentos e táticas neles ensinados. Além disso, mesmo encarando uma perda imprevista, era habilidoso para se adaptar rapidamente às circunstâncias. E, se sofresse uma derrota temporária, aprendia com a lição e evitava cometer novamente o mesmo erro. E mais: quando julgava que não poderia assegurar a vitória se atacasse, retirava-se rapidamente, sem hesitação.

Exemplo de uma de suas retiradas perfeitas ocorreu quando Ts'ao Ts'ao se envolveu em uma luta feroz com seu *nêmesis*, Liu Pei, em Han Chung.

Liu Pei estava acampado em uma fortaleza, e montara uma defesa formidável. As forças de Ts'ao Ts'ao estavam tendo enorme dificuldade em transpor as linhas adversárias, mas não estavam dispostas a parar. Ts'ao Ts'ao julgou que naquela situação não havia esperança. Percebendo que qualquer luta adicional só debilitaria seu exército, certa noite, juntou sua equipe e gritou: "Esta é uma costela de galinha! Vocês entendem? Uma costela de galinha!".[3]

A princípio, seus homens não tinham a menor ideia do que ele estava falando, e temeram que pudesse estar enlouquecendo. Contudo, um deles, Yang Hsiu, começou imediatamente os preparativos para se retirar. Quando os outros perguntaram por que estava fazendo aquilo, ele respondeu: "Costelas de galinha são coisas que você hesita em jogar fora, mesmo que elas mal tenham carne para se comer. Esta batalha em Han Chung é exatamente isso, uma costela de galinha. Significa pouco ganho para nós, entretanto, parece que não nos dispomos a lhe dar um fim. Ocorreu-me que Ts'ao Ts'ao quer que nos retiremos".

Logo depois, Ts'ao Ts'ao abandonou Han Chung e retornou para a capital. Longe de se arrepender de sua derrota, sentiu-se aliviado por conseguir retornar com seu exército intacto. Ao pesar o valor do território de Han Chung e a perda que sofreria ao tentar ganhá-lo, Ts'ao Ts'ao escolheu a retirada, uma afirmação da estratégia "Retirar-se é considerado o melhor".

Saber quando a retirada é a melhor opção

Antigamente, nós, japoneses, bombardeávamos com a noção de que dar as costas para o inimigo é covardia, ou se retirar é falta de respeito próprio. Hoje em dia, esses pontos de vista não são tão prevalentes, mas, apesar disso, ainda parecem estar profundamente enraizados na psique japonesa, e difíceis de ser ignorados.

Na verdade, os japoneses nunca foram muito bons em fugir. Os chineses, por outro lado, são especialistas. Quando notam que as condições estão desfavoráveis, a primeira coisa que fazem é considerar a fuga. A filosofia é que, se alguém escapa temporariamente, pode preservar a força para lutar e retornar quando as condições forem mais propícias. É possível ver isso como um conceito quintessencial chinês.

Onde surgiu essa diferença? Talvez se possa considerar que a resposta está no conceito de espaço. A China é uma nação vasta. Tão vasta, que é relativamente fácil para dezenas de milhares – até mesmo centenas de milhares – de soldados se esconderem, tornando mais provável a possibilidade de uma fuga segura. Desse ponto de vista, fugir é uma estratégia perfeita; na verdade, seria tolice não fazê-lo se você estivesse diante de chances desfavoráveis de luta.

Um país pequeno e estreito como o Japão, por outro lado, não é adequado para retiradas eficientes, já que existe uma limitação de espaço para se fugir. Mesmo um único criminoso em fuga, como Kunisada Chuji,[4] não é capaz de evitar a polícia por muito tempo. Com as chances de fuga severamente limitadas, a filosofia militar que defende lutar em vez de fugir é quase inevitável, o que explica a alta estima de conceitos do tipo "Seja atingido e esmagado como uma joia".

Isso não quer dizer que esses conceitos não têm mérito. Manter sua posição pode levar a vitórias heroicas e inesperadas. Mas existem ocasiões nas quais isso pode levar a uma esmagadora derrota, e o exército inteiro ser esmagado como uma joia. E quando uma joia é esmagada, não pode ser consertada.

Para permanecer viva neste mundo caótico, a pessoa deve atacar quando isso for o melhor, e comandar uma retirada total quando for melhor se retirar. A sabedoria para determinar qual das opções deve ser aplicada é a chave para uma vida inteligente e bem-sucedida.

NOTAS

1. Do 7º hexagrama, *Shih*, do *I Ching*, ou *O livro das mutações*. No comentário, na quarta linha, lê-se: "Não há culpa em se retirar e procurar abrigo; ao fazer isso a pessoa ainda não terá perdido sua condição primária".

2. A joia esmagada. A imagem tradicional no Japão de uma morte honrosa e gloriosa usa essa metáfora. Esse era um ideal do samurai, e, mais recentemente, do kamikaze, e até mesmo dos soldados comuns no exército. Um provérbio japonês diz que: "É melhor ser esmagado como uma joia do que permanecer inteiro como uma telha de barro".

3. "Costelas de galinhas" (雞肋) é uma expressão comum na China e no Japão para algo que, no final, não vale a pena brigar; algo de pouco valor que alguém, apesar disso, evita jogar fora.

4. Kunisada Chuji (1810-50). Um famoso jogador e criminoso do período Edo. Obeso, escorregadio e dado à linguagem extravagante, foi um assassino cruel e fugitivo. Finalmente colapsado por uma apoplexia, foi capturado, enviado para Edo e executado. Depois, tornou-se tema popular para o teatro kabuki e contadores de histórias profissionais.

BIBLIOGRAFIA

Trabalhos em línguas orientais

Ekkyo. V. 1 e 2. Traduzido por Takada Shinji e Goto Motomi. Tóquio: Iwanami Bunsho, 2004.

Koyogunkan, Gorinnosho, Hagakure. Traduzido e editado por Sagara Toru. Tóquio: Chikuma Shobo, 1964.

Moriya, Hiroshi. *Heiho Sanjurokkei*. Tóquio: Chiteki Shuppansha, 1993.

_____. *Heiho Sanjurokkei*. Tóquio: Mikasa Shobbo, s. d.

Sonshi-Goshi. Editado por Miura Yoshiaki. Tóquio: Meiji Shoin, 2002.

Trabalhos em inglês

Basic Writings of Mo Tzu, Hsun Tzu and Han Fei Tzu. Traduzido por Burton Watson. Nova York: Columbia University Press, 1967.

Ch'ien Ssu-ma. *Records of the Historian*. Traduzido por Burton Watson. Nova York: Columbia University Press, 1958.

Fairbank, John K.; Reischauer, Edwin O.; Craig, Albert M. *East Asia: Tradition and Transformation*. Boston: Houghton Miffllin Co., 1973.

Giles, Herbert A. *History of Chinese Literature*. Nova York: D. Appleton and Company, 1923.

Hung, Ying-ming. *Roots of Wisdom: Saikontan*. Traduzido por William Scott Wilson. Tóquio: Kodansha International, 1985.

Trabalhos em chinês e inglês

Sun Tzu on The Art of War. Traduzido e anotado por Lionel Giles. Xangai, 1910.

Este livro foi impresso pela Renovagraf
em papel Lux Cream 70g.